U0560518

书院深深 · 诂经精舍

孤山南隐 一世春

杭州市人民政府地方志办公室 编著

ZHEJIANG UNIVERSITY PRESS

浙江大学出版社

· 杭州 ·

图书在版编目（CIP）数据

诂经精舍：孤山南隐一世春 / 杭州市人民政府地方
志办公室编著 .—杭州：浙江大学出版社，2023.11
（书院深深）
ISBN 978-7-308-24340-7

Ⅰ.①诂… Ⅱ.①杭… Ⅲ.①书院—传统文化—杭州
Ⅳ.①G649.299.551

中国国家版本馆CIP数据核字（2023）第206564号

书院深深
SHUYUAN SHENSHEN
杭州市人民政府地方志办公室　编著

策划编辑	吴伟伟　陈佩钰
责任编辑	陈　翩
文字编辑	刘婧雯
责任校对	赵　珏　闻晓虹　黄梦瑶
封面设计	雷建军
责任印制	范洪法
出版发行	浙江大学出版社
	（杭州天目山路148号　邮政编码：310007）
	（网址：http://www.zjupress.com）
排　　版	浙江大千时代文化传媒有限公司
印　　刷	杭州高腾印务有限公司
开　　本	710mm×1000mm　1/16
印　　张	88.75
字　　数	1360千
版 印 次	2023年11月第1版　2023年11月第1次印刷
书　　号	ISBN 978-7-308-24340-7
定　　价	698.00元（全4卷）

版权所有　侵权必究　印装差错　负责调换
浙江大学出版社市场运营中心联系方式：（0571）88925591；http://zjdxcbs.tmall.com

目　录

引 言

来一场学术的远游

天地无穷，而人生有尽；秋霜有落，春荣仍会来。诗人屈原在《楚辞·远游》篇里有言："内惟省以端操兮，求正气之所由。"在困顿面前自我反省，勇于突破自身的局限，坚持操守和信仰，那么人生的价值就可在此实现。在浩瀚的历史长卷中，有一群志同道合的人，他们以恒定的志向为目标，走在教育的道路上，完成一场人生修行，这是他们的远游。

从200多年前阮元在杭州孤山脚下创立诂经精舍开始，一代又一代的山长、师者带领诂经精舍的弟子弘扬汉学，勤耕经学，以使学术昌明，从而造就更多人才。他们传承的学术精神，正是在教育的远处周游，这样的"远游"，必定需要去除心中杂念，炼就辨识万物之根本的能力。在无数个风雨敲打窗台的夜晚，他们反复与灯下的经籍切磋琢磨，其目的只有一个，那就是求得问题的真谛。这奠定了诂经精舍作为杭州四大书院之一的基调。

两浙人才会聚于杭州，诂经精舍的山长、师者及弟子也都融入浙江的文人活动之中，为杭州乃至浙江的文化繁荣做出了不少贡献。于是一个接一个的美丽故事串起浙江的文化，仿佛一片又一片的浮云将其精神传递到全国各地。他们从诂经精舍出发，带着精舍的风雅和学术的印记去往天地远游，实现他们的人生价值。而这一切都浓缩在杭州孤山俞曲园纪念馆以及附近的"诂经精舍旧址"碑刻中。这里曾经究竟如何繁华？100多年办学历史造就了多少人才？诂经精舍有别于杭州其他三大书院的秘密在何处？请跟随我们走近诂经精舍的前世今生吧。

第一章

孤山南隐·梦寻书院

苏轼的回望

听闻杭州西湖有三大怪异之处：断桥不断，长桥不长，孤山不孤。

外地人自然是不懂其中之妙，然而关于许仙白娘子的断桥相遇，关于钱谦益如何因为一句诗"桃花得气美人中"而结识了江南才女柳如是，又或者关于"丁香一样结着愁怨的姑娘"是怎样出现在诗人戴望舒的笔下，等等，这些翛然清逸的故事都足以成为人们来到西湖的理由。阔别数载，旅人在离开了杭州之后依然怀念这里的绿树，这里的暮云。好故事从来不会寂寞，西湖因为有了如此多的历史和传奇，让杭州这个现代化的城市增添更多一份的神秘和美好。

孤山的孤，最早是因其属于西湖中最大的一座孤岛而得名。《西湖梦寻》里有《孤山》一篇，其中说："《水经注》曰：'水黑曰卢，不流曰奴；山不连陵曰孤。'梅花屿介于两湖之间，四面岩峦，一无所丽，故曰孤也。是地水望澄明，皦焉冲照，亭观绣峙，两湖反景，若三山之倒水下。"说的是水呈黑色称为"卢"，水静而不流是因山势所限制而称为"奴"，山陵不相连称为"孤"。梅花屿四面起伏的岩石和山峦亦无所依，清澈的湖面，琉璃般倒映着梅树，日光明晃晃地透过和风照在湖底，有亭，有鹤，有梅花暗香，在我们看来，孤山哪里会有什么沉寂。

在白堤未修以前，孤山的确仿佛世外桃源，撑一叶小船，阒静中悠悠然驶向花木繁茂的孤山，心境宛若明镜一般。《西湖游览志》有记载："孤山岿介湖中，碧波环绕，胜绝诸山。"岛上风景秀丽，云树古木，又有名人古迹，四季皆是息心之地。诂经精舍选址于此，不失为闭门读书、磨炼心智的好地方。

苏轼有孤山诗一首，题曰《腊日游孤山访惠勤惠思二僧》：

天欲雪，云满湖，楼台明灭山有无。
水清出石鱼可数，林深无人鸟相呼。
腊日不归对妻孥，名寻道人实自娱。
道人之居在何许？宝云山前路盘纡。
孤山孤绝谁肯庐？道人有道山不孤。
纸窗竹屋深自暖，拥褐坐睡依团蒲。
天寒路远愁仆夫，整驾催归及未晡。
出山回望云木合，但见野鹘盘浮图。
兹游淡薄欢有余，到家恍如梦蘧蘧。
作诗火急追亡逋，清景一失后难摹。

宋熙宁四年（1071），苏轼任杭州通判时写就这首诗。那年冬天，寒露霜起，苏轼刚刚抵达杭州不久，就撑船到孤山寻访惠勤、惠思两位智僧。

来此之前，欧阳修曾向苏轼推介过惠勤，言其作诗文雅，为人善朴，若想要寻友相谈而不得，便可以去孤山找惠勤。那天阴云满楼，但丝毫未减湖光山色的美，苏轼在竹屋里寻得这位僧人。两人交谈甚欢，以至于苏轼不忍归去，到家后伴着夜深花眠速速写下这首诗。

西湖僧寺繁盛，好山好水让这里成了静修慧智的好地方。宋元祐四年（1089）七月，时隔十多年，苏轼又一次来到杭州任知州，仿佛有游子归来的欣喜之感，只是得知昔日好友惠勤已故去，于是再一次寻访孤山。

◎ 孤山远望

　　孤山上曾有一智果精舍，大约是苏轼为参寥所修建的。参寥自幼出家，性情爽直，但写得一手好诗，苏轼十分欣赏他。参寥也是奇特之人，苏轼被贬至黄州，参寥就跟着到了黄州，苏轼调任汝州，他也伴随左右，同游庐山写诗立就，两人情谊深长。此时苏轼再次来到杭州，苏轼便邀约参寥来孤山智果精舍任住持。

　　屋宇虽然不过几间，但环境清幽舒顺，有泉水潺潺，又有清茶甘醇相伴左右，于是寒食的第二天，苏轼与王瑜等友人泛舟湖上，到孤山寻访参寥。

　　参寥一见老友前来，立刻汲泉烹煮香茶招待这位老朋友，几人相谈甚欢，时光恍惚飞瞬而过。于是苏轼写下了《参寥泉铭》："在天雨露，在地江湖。皆我四大，滋相所濡。伟哉参寥，弹指八极。退守斯泉，一谦四益。余晚闻道，梦幻是身。真即是梦，梦即是真。石泉槐火，九年而信。夫求何伸，实弊汝神。"这"参寥泉"就是这天煮茶汲水的泉，苏轼命之为参寥泉。

与杭州结缘的名人往事如流动的盛宴，布满了历史的星河，苏轼必然是璀璨星辰中的一颗。清嘉庆三年（1798），时任浙江学政的阮元正在孤山的文澜阁旁，与二三十位读书人一同潜心编撰重要的训诂用书《经籍籑诂》。编书之余，他喜欢游览杭州，静赏历史给予这里的每一处美景胜迹。

"苏公为杭州做了那么多的事，为何没有零星半点可以为后人所纪念的地方呢？"阮元十分不解，更觉得有必要为苏公建一所祠堂，于是就在东南处的孤山路一号修建苏文忠公祠，并写下一首纪事诗《嘉庆三年西湖始建苏公祠志事》：

> 苏公一生凡九迁，笠屐两到西湖前。
> 十六年中梦游遍，况今寥落七百年。
> 西湖之景甲天下，惟公能识西湖全。
> 公才若用及四海，德寿不驻湖山边。
> 区区明圣一掌耳，易补缺陷开淤填。
> 长堤十里老葑卷，北峰顿与南峰连。
> 雨云雪月入吟袖，装抹浓淡皆鲜妍。
> 水枕竞与山俯仰，百吏散后登风船。
> 可怜纱縠去不得，欲归阳羡愁无田。
> 江头斑白说学士，碑在口上无劳镌。
> 三百六十寺兴废，竟无一屋祠公焉。
> 前年我来拜公像，聊以山水娱四贤。
> 柏堂竹阁今尚在，一祠毕竟公当专。
> 淮海秦公世交后，办此酿出清俸钱。
> 岁寒岩下百弓地，宅有花树池多莲。
> 读书堂字公手迹，一廛横占屋十椽。
> 吁嗟乎！公神之来如水仙，灵风拂拂云娟娟。
> 楼台明灭衣蹁跹，万珠跳雨生白烟。

琉璃十顷清光圆，水乐惊起鱼龙眠。

我歌公句冰丝弦，荐秋菊与孤山泉。

神归来兮心超然，望湖楼下湖连天。

苏公祠修建后，又过了六年，在祠堂毗邻之地，阮元又增建了"白苏二公祠"，以纪念白居易和苏轼两位杭州的功臣。《诂经精舍文集》里有一篇阮元学生查揆写的文章，名为《拟西湖新建白苏二公祠碑铭》，查揆说，每当有人问苏轼的平生出处，苏轼总是笑说自己与白居易差不多，如今孤山上人们愿意为唐朝治水刺史李泌增入四贤祠，却偏偏遗忘白居易为西湖浚治所做的一切吗？于是先生决定合建白苏二公祠。

现今我们所见到的苏祠或者说白苏二公祠不是阮元当年所建的，至于如何被毁，也是个未解的谜。施奠东主编、上海古籍出版社1995年出版的《西湖志》里记载了关于苏公祠的后续，清同治五年（1866），杭州著名的藏书家、当地富绅丁丙重建过苏公祠，但仍然不是我们现在所见到的样子。

眼见也不一定为实，当历史不能为我们所经历，倒不如用心去贴近他们文字里的陈述，真实感也许更多一些。

明朝诗人李流芳喜欢游览西湖，一边游湖一边作画吟诗。他曾为友人绘《孤山夜月图》，并题跋语：

曾与印持诸兄弟醉后泛小艇，从西泠而归。时月初上，新堤柳枝皆倒影湖中，空明摩荡，如镜中，复如画中。久怀此胸臆，壬子在小筑，忽为孟阳写出，真是画中矣。

跋语说的是，李流芳曾经与印持诸位兄弟醉后泛舟西湖，从孤山西泠归来。当时，湖面映满月光和杨柳枝，波光粼粼，湖水晶莹剔透，小船仿佛置身于山水意境画之中。后来壬子年（明万历四十年，公元 1612 年）在小筑，他为程嘉燧（孟阳）画出了这番情境，仿佛又回到西湖的夜色之中了。

我没有找到李流芳这幅孤山夜月画，只能凭借着意念去想象，夜深时分花微醉，湖面微影清波明，孤山不孤的意境已然全出。

西湖当然是浪漫的。明崇祯十二年（1639），江南才女柳如是惜别伤心之地松江，来到南方杭州散心，问知己汪然明借住过他在西溪的横山别墅，还有他的"不系园"。汪然明是住在杭州的徽商，与柳如是友情深厚，还曾为她出资印刻《尺牍》和《湖上草》。如是对然明说："明日欲借尊舫，一向西泠两峰，余俱心感。"不系园并非私家园林，而是一只规模巨大、轻盈精细的画舫，远远望去似一座游动的园林。画舫里走出来一位娇小的女子，灵气逼人，正是柳如是，她与前来拜访画舫主人的钱谦益一见如故，这又是另一个传奇故事。

晚明张岱说，保俶塔西有一玛瑙坡，"碎石文莹，质若玛瑙，士人采之，以镌图篆"。后来我在孤山的石坡上真的找到一块碑刻，名曰"玛瑙坡"，因山坡间曾散布赤石，圆润似玛瑙而名。

距离这孤山不远处还有一座容易被错过的玛瑙寺。春天，寺院里落着樱花雨。爱国诗人、史学家连横先生曾住这里许久，于是因此加挂一个名字——连横纪念馆。而至于我寻寻觅觅要找的吴昌硕所篆的"玛瑙坡"题刻，却始终没有找到。

◎ 玛瑙坡

到南方岁月去：文澜阁与《四库全书》

> 缥缃满眼压蓬莱，阁倚明湖晓镜开。
>
> 玉简乍披周册府，漆书如检汉兰台。
>
> 幸陪经舍诸君后，曾校琅嬛七录来。
>
> 何日却容东观读？五云天际更徘徊。

陈文述写这首诗的时候，诂经精舍才刚刚起步。站在孤山上的文澜阁眺望西湖，风光美景尽收眼底。他一边陪同老师阮元在阁楼里散步，一边回想曾在这里编纂典籍的往事，于是便写下这《奉陪中丞师登文澜阁观书》一诗。

文澜阁面朝西湖，背依孤山，始建于清乾隆四十九年（1784）。两年前，第一份《四库全书》缮写完成，乾隆帝命令继续抄写三份，完成后将其分别藏于北京文渊阁、沈阳文溯阁、圆明园文源阁和热河文津阁这四大藏书阁中。但是这四大藏书阁均设在北方，江南一带的南方士子就不能得到这份殊遇，于是乾隆又命人续抄三份《四库全书》，打算放在南方。

南方那么大，放在哪里最合适呢？

清乾隆四十七年（1782）七月初八日谕令一则：

朕稽古右文，究心典籍。近年命儒臣编辑《四库全书》，特建文渊、文溯、文源、文津四阁以资藏庋。现在缮写头分告竣，其二、三、四分，限于六年内按期蒇事，所以嘉惠艺林，垂示万世，典至巨也。因思江浙为人文渊薮，朕翠华临莅，士子涵濡教泽，乐育渐摩，已非一日。其间力学好古之士，愿读中秘书者，自不乏人。兹《四库全书》允宜广布流传，以光文治。如扬州大观堂之文汇阁、镇江金山寺之文宗阁、杭州圣因寺行宫之文澜阁，皆有藏书之所。著交四库馆再缮全书三分，安置各该处，俾江浙士子得以就近观摩、誉录，用昭我国家藏书美富、教思无穷之盛轨。

意思是说，为了方便江南的读书人读到《四库全书》，再争取抄录三份，并放于南方的三大藏书阁，而第一份是耗费了十年的时间才纂修、抄录完毕的。

这七大藏书阁的命名很有讲究。由于书籍最怕火灾，所以乾隆在取名的时候专门多加了些"水"，七阁为"文渊""文源""文津""文溯""文澜""文宗""文汇"。唯独"文宗"没有三点水，据说是因为担心水漫金山，水太多了，就去掉了这三点。

乾隆对《四库全书》十分上心，因杭州孤山原本有皇家行宫圣因寺，圣因寺后面有一座雅致的玉兰堂，很适合藏书之用，于是乾隆就命人将此玉兰堂改建成文澜阁。清乾隆四十九年（1784），圣驾临幸杭州孤山的文澜阁，并赐文澜阁一块匾额，曰"敷文观海"，还有一首御制诗。文澜阁地理位置比较高，在孤山的南面，左边有白堤，右边有西泠桥，站在阁上可以尽览西湖全貌，心旷神怡。

阁外有垂花门，门内有一个大厅，厅后有一处大池子，池中山石独耸，名为仙人峰。东边有御碑亭，西边有一座悠长的游廊，中间就是文澜阁。文澜阁有三层，第一层藏有《古今图书集成》及《四库全书》的经部，第二层藏史部，第三层藏子、集二部。这么多的书全都需要命人清点清楚，派人掌管借阅和传写。

据《文澜阁志》记载，《古今图书集成》用黄色绢面，《四库全书》的经部用葵绿绢面，史部用红绢面，子部用月白绢面，集部用黑灰绢面。不同的颜色方便归类整理。由于书籍纸张容易泛黄蛀虫，每年盛夏都要曝书一个月，由盐运使派儒学官来负责。总体来说，文澜阁藏书十分有序，管理也很得当，因此江浙的读书人很愿意到杭州孤山，游览山水是次要，阅览抄书是主要。

由于文澜阁藏有《四库全书》，而且浙江唯此一处，晚清的学者但凡需要写书用书的，都得亲自来一趟。嘉庆二年（1797），浙江学政阮元正在编纂他的新书《经籍籑诂》，并组织了一个庞大的编书团队，有二三十人。由于编书需要大量资料，阮元为了方便找书借书，就在文澜阁旁修建了 50 间屋舍，用于编书和住宿。

不过那时，还没有诂经精舍。直到嘉庆四年（1799），《经籍籑诂》终于全部刊竣，而恰恰就在此时，阮元被任命为浙江巡抚。在考察了杭州城内士子读书的书院后，阮元觉得不太满意。不满意的原因是杭州虽然不缺书院，但偏偏缺少专供读书人治经的地方，满城尽是唯科举是务，不是真正做学问的样子，于是决定不如就在昔日编书的地方修建诂经精舍，而那 50 间屋舍也没有白白修建，正好当作精舍的校舍。

陈文述是诂经精舍阮元的学生。嘉庆六年（1801），阮元在《经籍籑诂》刊竣以后，正着手编纂另外两部书《两浙盐法志》和《两浙辖轩录》。学生陈文述则在老师的安排下做一些校补工作，与同人一道编书的同时，又能在文澜阁惬意养心，于是才有了开头的那首诗。

有位名叫朱人凤的学生，就写过自己在文澜阁里抄书时的情景。读来有趣，像是命题诗《文澜阁阅〈四库全书〉恭纪四十韵。王述庵夫子命作》："文澜原不竭，书圃自无垠。遍阅津堪逮，传抄日未曛。神还留倦目，腕肯息劳筋。"抄书抄到手抽筋，从早到晚，两眼昏花，好真实的情景，也难怪 3800 多人抄录完毕《四库全书》，竟然花费了整整十年的时间。

民国时期，文澜阁改为西湖博览会的会址，后成立西湖博物馆，现今为浙江省博物馆。现在如果想要一睹文澜阁之貌，需要从浙江省博物馆内进入。据说，里面有一首乾隆的《趣亭》诗，诗曰："文源取式逮文津，亦有趣亭栖碧岣。寄语将来抄书者，文澜不外史经循。"200 年过去了，当代的读书人已不必辛苦抄书，甚至于不必写铅笔字毛笔字了，机器仿佛真的替代了历史，然而 200 年后的未来又会如何呢？会不会人家也笑我，写作的意义是什么。

西泠印社的"金石四君子"

《欹湖》有云，"湖上一回首，山青卷白云"，唐代诗人王维曾有一座宅第在长安城东南的蓝田辋川，那是他的世外桃源。中年以后，生活的变故扑面而来，王维越来越留恋于山川天地自然，进而一心向佛，追求内心的宁静，还原到心灵栖息地——辋川山谷。

我没有去过西安的蓝田辋川，不过可以想象，诗卷里的欹湖会是世界上所有的湖。欹湖，有人间的雨为伴，也有通往山里的小径与其喃喃耳语，落花不必扫，吹箫，采樵，对酒，宛若历历在目。曾经西湖也是这样吧，孤山西麓，静倚西湖，沿着白堤一路过去，这里有一座古水潺潺、茂树垂荫的近代园林，是文人雅好的世外桃源，名曰西泠印社。

◎ 柏堂门楣上的匾额"西泠印社"

《杭州市志》卷一有记载："光绪三十年（1904）的九月，丁仁、王褆、叶为铭、吴隐等在孤山创办金石学术团体，1913年成立西泠印社。"

光绪三十年（1904），丁仁（1879—1949）、吴隐（1867—1922）、王褆（1878—1960）、叶为铭（1867—1948）凭借着对印学书画志同道合的追求，在孤山脚下创立了西泠印社，他们也被称为"创社四英"。十年之中，他们苦心经营，认真擘画，将印社的成员队伍发展得越来越大。直到民国二年（1913），他们才找到了最适合出任印社社长一职的艺术大师吴昌硕。从此西泠印社有了更深远的发展。

创办社团绝不是一朝一夕的事，怎样的热情能推动他们如此坚

◎ 金石印章

持？无疑是他们对于守护与传承金石精神的信念。

从一些文献中得知，四位君子各有出色的成就，如年纪稍长的吴隐，他有自己的治印风格，曾经得到过吴昌硕的亲授指点，对钝刀中锋之法领会于心，又结合自己之长，最终形成古趣盎然、钝而有力的印刻特色。再如任劳任怨的叶为铭，一生潜心印学研究，还协助吴昌硕完成审定《金石书画录》十册。丁仁精通甲骨文、书画，又擅长作诗，致力于活字研究，著述颇丰。王禔也不必多说，他的父亲曾担任杭州紫阳书院的山长，自小就喜爱收集印章，对篆刻也很有追求。总之，四君子对于印学之爱纯粹至深，也从不计较个人得失，更不在乎声名功利，只想着怎样延续金石精神。

世事浮云何足问，闭门治印得自然。于是在这一个世纪中，秉持着金石精神的一群人，约定好每年的春秋两季雅集于此，他们自动隔绝城市的繁丽喧嚷，在柔风清泉下祭祀先贤，论诗品画，谈论金石文艺与传统文化。西泠印社的春秋雅集，主题年年会有不同，然而一年两次的习俗直到今天也没有变过。

叔同先生的印章

　　1913 年，在西泠印社创立十周年的纪念会上，除了推举社长之外，叶为铭等人还制定了社团制度，即《社约》。西泠印社以保存金石、研究印学为宗旨，并且规定加入的会员须是与篆刻相关的人士，如此下来，西泠印社的学术氛围就更纯粹了。

　　研究印学，收藏印刻，也可作为文字训诂考证的材料，因此那时候很多文人学者都会对篆刻有些注意，或者甚是喜爱。著《人间词语》以境界论词的王国维先生也很精通篆刻，他与吴隐、丁仁以及后来的马衡等印人都有往来，其著述《观堂集林》还请了吴昌硕为其题内封。

　　溪花深山空，一往别轻舟。1918 年的盛夏，李叔同在杭州虎跑定慧寺出家事佛，成为弘一法师。这一令局外人尤为震惊的决定，并非他一时的冲动。

　　在此之前，李叔同把自己一部分的油画作品和一些美术书寄赠给北京美术学校，音乐书送给了刘质平，还有其他图书、衣物之类另赠给了丰子恺等学生，而将自己多年收藏的印章、一些印稿刻刀之类以及一部分字画送给了西泠印社，所赠的印章一共 93 枚。

　　后来，叶为铭将李叔同所赠的这些珍贵的印章全部藏于社内鸿雪经的石壁内，外面用一块石板封住，并题上"印藏"二字。旁边刻上隶书跋文："同社李君叔同将祝发入山，出其印章移储社中，同人用昔人诗冢书藏遗意，凿壁庋藏，庶与湖山并永云尔。戊午夏，叶舟识。"

◎　西泠印社石壁上的"印藏"

是怎样的信任，可以使李叔同先生愿意将自己珍爱之物托付于此呢？这里也要提到西泠印社四君子之一的叶为铭。

1912年的秋天，从日本留学归国的李叔同受聘于经亨颐先生，来到位于杭州的省立第一师范学校任教，主讲音乐和国画课。在杭州生活的这些年里，经夏丏尊等朋友的介绍，他很快就与吴昌硕、叶为铭相识，渐渐相知。因大家志同道合都十分喜爱书法篆刻，1913年，李叔同便主动加入西泠印社。

年轻时，李叔同在篆刻上就颇有成就，他曾在上海的《苏报》上登过篆刻广告，前来请他刻章刻碑志的人众多，李叔同总是应接不暇，以至于不得不延长期限甚至提高价格。当然这是另一回事。

1916年的盛夏，李叔同读到日本杂志中关于断食的文章，说是可以治疗各种疾病，当时他自言患有神经衰弱症，就起了一种好奇心，想要断食一下。关于这个想法，他没有和太多人说，唯独找到西泠印社的叶为铭，一起商量断食的地点。他也许是考虑到叶为铭是杭州人，对杭州的寺院比较熟悉。

后来叶先生就推荐了西湖附近较为清净的虎跑寺，又介绍了虎跑的大护法丁辅之代为安顿。

有时会想，那天两位先生侃侃訚訚会谈起些什么。人都有固执的想法，有人喜欢烟雨，有人喜欢疾雨，有人只怪雨无情。不知叶先生是否懂他的固执。

而我也喜欢虎跑，喜欢虎跑的贞静。

林木郁郁葱葱，到了八月的时候，寺院宛若一片天然的洗心之地。2020年7月，兴致起来，我就一个人去虎跑散心。那是接近暮云降临的时候。"余霞散成绮，澄江静如练"，晚霞渐渐红晕开来，晚风拂面，与我同时来的游客访客大多放弃了往里边去的想法，中途用矿泉水瓶接了虎跑的泉水欣乐而归，而其实接下来的时候才是一天中最好的时光。我在寺内石经幢跟前站了一会，认真念着石经幢上刻着的字。石经幢高高挺立，瞻望中瞬息而过的时间，仿佛也刻进了后人守护这里的历史。

石经幢前面有一个弯弯狭长的绿池，绿池十分宁静，静默里悠悠缓缓游过一条金色的大锦鲤，我在那错落不齐的石块上站了一会儿，将心事说与它，它也好认真地在听，仿佛可以通得灵性。

你说，那么多的夜那么多的月光里，叔同先生真的没有过挂念吗？家中事，人间事。

叔同先生写过一篇《西湖夜游记》，也是残暑未歇的七月，在湖上饮酒，看晚霞睡去，"晚晖落红，暮山披紫，游众星散，流萤出林，湖岸风来，轻裾致爽"，先生那天一定无忧无虑吧。

贞静如是。

至于他的皈依，则又是另一回事了。李叔同喜爱书法篆刻，加入西泠印社后常与社员切磋刻艺，不仅如此，他还在浙师创办了金石篆刻研究会，为其取名"乐石社"，以示对篆刻艺术的推广和发扬。

杭州市文物考古所藏有李叔同与叶为铭的十帧书信，从中可读到过去叔同先生对金石文艺的雅趣。我从洪丽娅老师的《弘一法师致叶为铭信札》中引出其中致叶为铭书信之二：

品三先生足下：日前走谒不晤，至怅。师校学生近组织乐石社，研究印学，刻已有十六人。闻西泠印社开金石书画展览会，拟偕往观览，以扩眼界。苦无力购券，未识先生能特别许可入场否？拟于

◎ 虎跑寺绿影中的石经幢

◎ 李叔同弘一法师纪念馆馆藏：《乐石印谱》

◎ 李叔同弘一法师纪念馆馆藏：《美育》创刊号

今日下午来观，事属风雅，故敢渎求。祇叩道安，特候回示不庄。
乐石社章附呈上乞政。

弟李息顿首

　　信里提到浙师的乐石社已有 16 位学生选择研究印学，又想带着学生前往西泠印社参观展览，李叔同所创设的自由宽松的学习氛围真是好让人羡慕。后来从一些文献资料里得知，乐石社还有《乐石社简章》，并且每月都将社友的优秀作品汇编成一册杂志，名曰《乐石》，布蓝色的底，封面题签由社友轮流题写，第一集便是由李叔同题署。乐石社共先后编印《乐石集》10 册。

　　又过去了很多年，1928 年 7 月 13 日，鲁迅先生在日记里记录了他在杭州游玩的情景："……午后同至西泠印社茗谈，旁晚始归寓。在社买得汉画象拓本一枚，《侯愔墓志》拓本一枚，三圆；《贯休画罗汉象石刻》景印本一本，一元四角；《摹刻雷峰塔砖中经》一卷，四角。"鲁迅自从离开广州后，抽出整整四天时间专程到杭州，主要是为了陪同夫人许广平游山玩水。那天他在与郑石君等人在楼外楼吃过午饭后，一行人便走到隔壁的西泠印社，在四照阁饮茶闲谈，一直谈到傍晚都没有尽兴。

　　川岛回忆起这一段往事时，他说，鲁迅先生那几天兴致很高，还谈萧伯纳和高尔基的作品，也谈一些中国的绘画雕刻和别的。临出来时，他还在西泠印社购买了一些拓本，"内中有一种是三国贯休画的罗汉像石刻影印本"，这倒不是说十分难得，其实鲁迅本就喜欢这些金石篆刻，在印学、平面设计、装帧艺术等方面都有很深的造诣，比如他自己就会抽空刻一些自用章，也会请名家为自己刻章。

　　自 1904 年建社起至今的 119 年里，西泠印社有社长的时间其实只有 61 年。社长虽然只有七位，但每一位都在艺术史上影响力很大：吴昌硕、马衡、张宗祥、沙孟海、赵朴初、启功、饶宗颐。

如今社员也已扩至 500 多人，黄宾虹、马一浮、丰子恺等文化名人也都是西泠印社的社员。

除了金石篆刻和书画艺术的创作研习以外，西泠印社还在文物收藏、编辑出版、对外文化交流等方面有建树。

"坐茂树以终日，濯清泉以自洁"，韩愈的这两句话，虽然境界恬然又自由，可是总会让人心生一种寂寞之情，若借用文学批评家顾随（1897—1960）的话说，那就是"寂寞心"。何以至此？想来想去，大概只有一个答案，那便是遥远的心之距离。

当然也可以不寂寞，一个人如果以艺术志趣为生活主要的注意力，他的精神是很容易丰盈起来的。文人在大自然的拥簇下聚到一起，共赏诗画，谈论文艺，而这样的雅集风俗直到今天的杭城也仍然有着，西泠印社每年两次的春秋雅集就是一例。

在杭州生活是幸福的，人们在这里停留，在时间的缝隙里滋养心智的种子。过去的诗人喜欢去云深不知处寻访隐者，唐代诗人刘长卿一路向山里走去，看松色郁郁，看白云皑皑，"溪花与禅意，相对亦忘言"，于是没有寻到常道士也没有关系，现在杭州处处有这样那样滋养人心灵的地方，还有不多不少以志趣为尚的雅集活动，多少都是历史的馈赠。

敬一书院与那孤山的一片云

很少有人会另辟蹊径往孤山小道上走去，山径分岔又分岔，如果望见一面宽宽长长的白墙以及连带起的一座粉黛的院落，那便是敬一书院。

《西湖志》卷九记载："在孤山四贤祠之右，康熙二十四年巡抚赵士麟建。每月之朔，集绅士耆是宣讲圣谕于此，至望日会师儒讲学。"康熙二十四年（1685），浙江巡抚赵士麟创建了敬一书院。赵士麟将此书院取名为"敬一"，是有"一念不敬，心便放逸；一刻不敬，体便松懈；一言不敬，言便招尤；一事不敬，事便取悔"之意，换句话说，读书人就应十分注重个人的言行举止和思想品质，

◎ 敬一书院

时刻以此信条来自勉自诚，与现在学校里的校训一样。

敬一书院兴建起来的那一年，赵士麟还为当地百姓解决了一件民生大事。当年他到杭州赴任，一路上坐船沿着京杭大运河进入拱宸桥，原本想要领略江南一带秀丽的风光，却不想满目尽是萧瑟的景象，河道里还散发着令人犯晕的臭气。他当即捐出了自己的俸禄，要求把杭州城颓坏的城墙楼宇全部修缮，并且要求整改河道，开浚城河。当地的绅士商民因十分服膺这位巡抚，纷纷踊跃出资，捐助兴修水利。开浚城河在那年的正月初四正式开工，六月十六日便竣工，这一工程给杭州城民带来了舟船往来的便利，百姓深赞赵士麟的德行，可惜第二年他就离开了浙江。

孤山之阴，紧邻敬一书院，有一座林逋墓。赵士麟因来往于书院讲学时，留心过这座墓，敬重于林逋恬淡高洁的品行，便命人予

◎ 林逋墓

以重新修葺，也是对文人的敬重。

绕过林墓，有一块素朴天然的石头，上面刻有文字，字迹模糊。我原以为这应该就是敬一书院的介绍，却不是，而是一位名叫林净因的人物介绍。

林净因是谁？

没等解开疑惑，转头便发现这石阶的尽头有一座闲亭，亭中有人举着书小憩，亭子上三个字笔力坚挺，是时任杭州市市长王永明所书的"净因亭"。亭柱两边有柱联："孤屿照栖霞，疏影暗香留处士；绝艺渡东海，妻梅子鹤得传人。"这对联所称颂的"处士""传人"想必就是亭子主人林净因。

据说，林净因是日本馒头的创制者，是宋代诗人林逋的后人。

宋元时期，日本许多僧道来中国取经，林净因的师父、日本名僧龙山德见就是其中之一。龙山德见在普陀等地学佛取经，这一学就是 45 年。到了人生暮年，龙山德见打算回归故土。元至正十年（1350），林净因亲自送师父到了日本，从此他便定居在奈良，改姓盐濑。

净因的第三十四代后裔川岛英子写的《林净因来日的由来及子孙盐濑家之概历》说："（林净因）以其在中国学会之馒头手艺，不用肉及菜馅，而改为适合日本风土之小豆馅，进行改良，在馒头上描一粉红色之林字，广为销售，是为日本馒头之开始。"林氏馒头就这样在日本传开了，很受当地百姓的欢迎，甚至还传到了宫里，得到天皇的好评。

天皇对此尤为称心，就赐予了林净因一位宫女。二人结为夫妻

◎ 净因亭

并生下二男二女，于是林净因的后代便渐渐在日本生根，而中国的馒头也因此在日本流传。林净因在日本时常常思念故乡，他便在庭院里亲手栽植了几株梅花，还养了几双鹤，以示不忘先人林逋的精神传统。

在这片草木葳蕤的石坡上藏着那么多美好的故事，坡下梅林深处游人如织，而几步路外的坡上却是那样静恬的世界。间或遇上百年之龄的白栎树，藤蔓攀附，枝干布满了岁月的青苔，与落下的枯叶时日相伴。孤山不过是千万座山的一种，但又是绝无仅有的唯一存在。

净因亭往西南稍稍移步，走过敬一书院的东面小径，看见书院的向东墙壁上赫然刻着五个字——孤山一片云，青石为底，每字一

◎ 孤山一片云

石。赵士麟离开浙江后的第二年，人们为纪念他而立书院为"赵公祠"。若干年过去后，到了清朝晚期，这里一度被民间误以为是财神庙。道光初年，浙江布政使朱嶟命人在外墙上刻下这五个字。至于现在我们所见到的敬一书院，已是重修后的样子。

书院采用的是中国古典建筑中的中轴对称布局形式，南北一线，方方正正，是比较典型的清代四合院建筑风格。从南边正门进去，先是讲堂，随后是露天庭院，东西各有厢房几间，北面则是后厅堂。主体之余还有回廊式的建筑，又有室外的茶室和泉池、庭院，与孤山相得益彰，是大自然的一方天地。

放鹤亭的主人：隐士林逋

浙江一带，古亭众多，以深厚的历史文化而著名的古亭更是不在少数。古亭之美，往往不在于其实用价值，而是其在沐日浴月的文化滋养下，与诗词、楹联、雅趣、习俗、典故相映相融而成的美。

绍兴会稽山阴的兰亭，便是文人雅集之地的最好代表。南宋文人吴自牧在《梦粱录》里就表达了对晋代人在古亭畔"曲水流觞"的爱慕之情：

三月三日上巳之辰，曲水流觞故事，起于晋时。唐朝赐宴曲江，倾都禊饮踏青，亦是此意。右军王羲之《兰亭序》云："暮春之初，修禊事。"杜甫《丽人行》云："三月三日天气新，长安水边多丽人。"形容此景，至今令人爱慕。

东晋永和九年（353）农历三月初三的兰亭雅集，便是早期较为盛大的节日集会。王羲之、谢安等 42 位名流聚集在兰亭畔，众人饮酒赋诗、行修禊事、挥毫作书，无不欢畅，其间 26 位名士即兴就诗 37 首，并由王羲之写序，孙绰作后序，汇成一部《兰亭集》，也因此令绍兴的"兰亭"闻名天下。

杭州孤山东北隅的放鹤亭，与镜湖厅遥遥相望，是杭州城最著名的古亭之一。《西湖游览志》卷二有这样的记载：

放鹤亭在孤山之北，嘉靖中，钱塘令王钺作。其巅有岁寒岩，其下有处士桥。先是，至元间，儒学提举余谦既葺处士之墓，复植梅数百本于山，构梅亭于其下。郡人陈子安以处士无家，妻梅而子鹤，不可偏举，乃持一鹤，放之孤山，构鹤亭以配之。并废。

仙鹤，是中国古代祥瑞的象征，人们常常将美好的寓意赋予雅致的古亭，并以放鹤亭、来鹤亭、驻鹤亭等来命名。孤山的放鹤亭最早是元代陈子安为了将梅妻鹤子的记忆迁移下来而建的古亭，亭柱有楹联"世无遗草真能隐，山有名花转不孤"，是林则徐所题。亭里还有一块行书石碑，刻有鲍照的《舞鹤赋》，系康熙所书。

亭有大小，与山上的净因亭一比，放鹤亭自然显得阔气。亭子的东面是鹤池，西面则是林逋之墓。而林逋，即是放鹤亭最初的"主人"。

林逋（967—1028），字君复，浙江钱塘人。年少的时候，林逋因性情恬淡，不喜官场之事，因此尽管家贫如洗，饭疏食，衣粗鄙，但仍能安然自若，享受这样清贫淡泊的生活。他曾经放浪行游于江河之间，晚年归于杭州，沉醉于西湖孤山僻静的美景，于是在这里隐居整整 20 年。

倚伴西湖，志趣在于写诗画梅，林逋最令世人钦佩的便是他"恬淡好古，弗趋荣利"的心性。有人问他："你为何要把写就的诗词随即丢弃，而不抄录下来留给后人呢？"林逋笑着说："我性情不羁，在这林壑间度过一生，我怎么会在乎一时之名声呢？何况后世！"然而盛名早已传之在外，于是有人常常窃学其诗词并且记录下来，如今我们看到的他的 300 多篇诗词，便是如此偶然得来的。

赏梅画梅，把一个人的性情以梅来描绘；种梅卖梅，将半世的生活避开扰攘与烦忧。人生最安稳之处其实不过是自己熟悉的内心。一生未娶，亦无子嗣，于是以梅为妻、视鹤为子，林逋这样的选择，我想绝不是为了特立独行。据文献记载，林逋生前得到过真宗皇帝的赏识，他死后，仁宗皇帝赐予其谥号"和靖先生"。

孤山一座岛，梅树一簇簇地绽放，据说当年林逋在孤山开辟了田地，种了300多株梅树，从此这里的三月成了一片浪漫恣意的梅海。

林逋最有名的梅花诗是《山园小梅》，这首七律也被誉为"千古咏梅绝唱"：

> 众芳摇落独暄妍，占尽风情向小园。
> 疏影横斜水清浅，暗香浮动月黄昏。
> 霜禽欲下先偷眼，粉蝶如知合断魂。
> 幸有微吟可相狎，不须檀板共金樽。

不知为何，读到这首诗时，我真的不解：难道林逋这一生不曾遇到值得交付自己真心的人吗？春和景明，月下黄昏，真的不曾有过爱情吗？他可以写出"人怜红艳多应俗，天与清香似有私"这样的清雅，也可以写出"雪后园林才半树，水边篱落忽横枝"这样的怜意绵绵，可为何偏偏独拒红尘，守梅只身坐湖畔？

假如生活不尽如人意，不是更需要知己伴侣的默默相守吗？

林逋不是没有写过和爱情有关的诗词的，他写过《长相思》："吴山青，越山青，两岸青山相送迎。谁知别离情？ 君泪盈，妾泪盈，罗带同心结未成。江边潮已平。"哪里没有难舍难分的情意，明明是位有情人，有过刻骨铭心的爱情。

苏轼也曾写过《放鹤亭记》，宋熙宁十年（1077）的秋天，彭城发了一场大水。云龙山人张君的草堂被水淹没，到了第二年的春天水落下去以后，他便在原址的东面建了一座亭。山中四季皆美如仙境，春夏草木葳蕤，翠碧连天，秋冬雪月空明，千里一色，风雨晦暝之间，云缠雾绕，胜似仙境。山里更奇特的是有两只仙鹤，朝而往，暮而归，仿佛能通灵性，于是此亭被取名为放鹤亭。

与鹤相伴的隐居之乐，在于可以息心，可以洗心，若领略过当权之苦，就更能感慨于闲云野鹤的日子了，苏轼应当是如此想过，林逋不会不同。

三国时期文学家嵇康放弃权贵生活而隐居不仕，日日以锻铁为生，锻铁无非是他不得已的一种选择，怎么会不寂寞？那么阮籍、刘伶这些贤者夜夜竹林清谈、饮酒呢？饮酒哪里不会寂寞，可也不过是清醒的另一种选择。而仙鹤的自由自在和隐者归去来兮的无限乐趣，我想一定是远远胜过寂寞本身的。

俞樾说，孤山原本有座林公祠，祠后就有林氏墓，不过不是林逋的墓，而是另一位姓林的先生。这位墓主名叫林汝霖，字小岩，福建侯官人，曾经在浙江仁和任典史官。庚申之变后，林汝霖的母亲先缢，不久后，他的姐姐和妻女也都亡故，而汝霖不屈服于贼寇的胁迫，慷慨坐于公堂之上，最后也被贼寇所害。当地的百姓泣不成声，便将林家几口人的骸骨收拾起来，埋葬在孤山，因为其与林逋先生同姓。关于这件事，俞樾还专门给诂经精舍的诸生出过关于"孤山林公祠碑"的题。

袁枚《随园诗话》卷五载吴文溥《游孤山》："春风欲来山已知，山南梅萼先破枝。高人去后春草草，万古孤山迹如扫。巢居阁畔酒可沽，幸有我来山未孤。笑问梅花肯妻我，我将抱鹤家西湖。"杭州孤山上梅妻鹤子的故事就这样深深地嵌在了后人的记忆中，成为对理想世界最质朴的怀恋。

第二章

精舍旧址·烟雨俞楼

孤山路 28 号
给西湖添一只画舫
低调的旧址石碑
欧阳修与六一泉
俞楼里古老的召唤

孤山路 28 号

　　为了寻找在诂经精舍历史中极为重要的一幢古楼——俞楼，我提前谋划了几个游客不多的日子计划前往，其中的一天醒来仍是绵密阴雨，午后看似稍稍放晴，等了一会儿果然放晴，这样子的召唤，那么就去吧。

　　在孤山那片绿意驰骋的地方，只要稍走几步，就能打开别开生面的历史记忆。这山南临水的好地方，讲唐宋诗的顾随来过吗？我不知道，不过曲园的弟子们总之是一定常来的。探访俞楼的这一路上，因为打算要查阅一些古籍资料，我就先去了毗邻的浙江省图书馆孤山馆舍。

◎　浙江省图书馆孤山馆舍

这是清光绪二十九年（1903）创建的老建筑，位于孤山路的28号，迎面便是波光粼粼的西湖。门前立着一块印着"浙江图书馆旧址"的石碑，打开铁门，仿佛坠入民国故事里了，红楼与白楼并排挨着，他们是这里的主人。红楼建得早一些，一共两层，光绪二十九年建成后直到民国元年（1912）才被划为图书馆所用。白楼一样也有两层，很洋气，我喜欢它的窗框是方方正正的，褪色的红漆可以与它相称。

古籍部里有光绪年间的《诂经精舍课艺》六、七、八三集，我当然想要找到它们。院子很安静，阅览的氛围也与想象中的截然不同，整个下午只有我一位访客。那天的管理员耐心地接待了我，在我寄存完包物之后，她引导我走进一间阅览室，提醒我按照借阅手续填写一张古籍阅览单，随后让我坐着等候。不久，她把从书库里找到的古籍递到我的手上，并交代我不能拍照，也不能视频。节奏到了这里，忽然心里就紧张起来。我顺势看了一眼桌子上的读者告知牌，上面写着拿铅笔抄录是被允许的，当然也可以委托他们拍照片。这只是阅览，如果是古籍出借，那手续还要烦琐得多。以上是大致的阅览流程。

保护和修复古籍是我们每个人的职责，对于中华优秀传统文化也是如此。我特别喜欢《锵锵行天下第三季》这档节目，窦文涛老师把这个世界的很多未知维度用现代人能够理解的方式解读出来，我想大概没有比这更美好的事了。尤其他在谈到关于中华优秀传统文化遗产的时候，仿佛它们就是古今生活的使者，把杭州从历史中复活。

窦文涛老师在《纸上春秋》里说过一句让我很有感触的话，他说他摸到亲手做的非遗手工纸的时候，有一种基因上的亲近，那是外国人没法体会到的质感。它洁白，柔软，敏感，有时也很脆弱，但是又带着强韧。那天下午当阳光从玻璃窗外照射进来，温暖地照在那册古籍上的时候，我的手指触摸着纸的肌理，年代里的故事纷至沓来，就像窦文涛老师说的那样，这是中国人所特有的天然的感受。

出了古籍馆，伸伸拳脚，我沿着西湖步行道往西一直走过去，继续去探访俞楼。

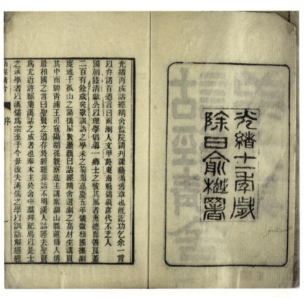

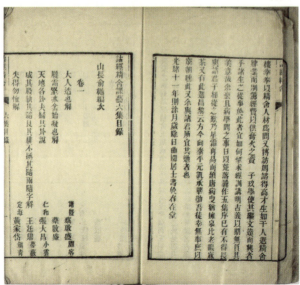

◎ 馆藏古籍影印（组图）

给西湖添一只画舫

关于俞楼，还有一个故事。孤山以南沿湖一带风光最胜，同治七年（1868），俞樾主讲诂经精舍。那时还没有俞楼，师生活动主要都在精舍里。每当课业闲暇之时，俞樾就会凭栏俯瞰湖光山色，心中充满了无限快意。然而居山一侧，湖山皆为静止的事物，仿佛缺少了亦真亦幻之境，如果能驾一叶扁舟于湖上，随时欣赏暮景晨曦，那么山景湖景则更加趣味无穷了。每次谈到这里，俞樾都不禁流露出向往之意。

一次，俞樾在翻阅《西湖志》时，读到明朝闻启祥所写的《西湖打船启》一文，介绍自己制船的事情，这正好与他的想法暗合。为此，俞樾专门将文章抄录下来，文章大意：船不必大，略加开拓，能容纳五六人就足够；也不必装饰豪华，如白傅云"细篷青簟织鱼鳞"即可；更不必高大，西湖的妙处在于里湖，正如美人寝帏，神仙别馆。现在许多船都建造得又高，船上还必定建有小楼，于是开到断桥以北、六桥以西的地方，往往就不能动弹，无法领略西湖的妙处了。弟子徐琪见老师常常为此思虑，便将这事记在了心里。

光绪五年（1879），俞楼建成不久，徐琪便将游船一事付诸实践，为老师专程定制了一只精美的画舫，置于俞楼前的西湖之中。俞樾十分惊喜，他为这只画舫命名为"小浮梅俞"，用的是《说文解字》中俞的本义"空中木为舟"，并跋曰："人生斯世，养空而浮，当知我亦一俞也，勿曰俞必属我也。"画舫落成以后，俞樾与弟子们常常泛舟于湖上，这游船渐渐成了西湖的另一道风景。游人看到纷纷称赞，惹人羡慕，于是也有人效仿定制，还请徐琪来为之题名，徐琪名之曰"采莲舟"，题上一联："唤作采莲舟，最难禁露冷风

◎ 俞楼

香，夜半红衣清不寐；也如浮梅槛，容几许诗瓢酒盏，此中画稿我先成。"俞樾高兴地说："异日有续樊榭先生《湖船录》者，当又为西湖添一佳话矣。"[1]

1　俞樾撰，徐明、文青校点：《春在堂随笔》，辽宁教育出版社，2001 年，第 99 页。

低调的旧址石碑

　　其实忘了说，在孤山馆舍的东面浙江省博物馆前，有一块常被人遗忘的石刻碑——"诂经精舍旧址"。很早之前，我就听老师说起这一带附近有诂经精舍的旧址，老师叮嘱我可以拍些照片，他又在"旧址"这一词语上着重强调，我的心中便立刻开始肃然起敬，心想，也许马上就能见到历史性一刻。我原以为它会是像某某路上有名的文人故居建筑被挂上显眼的招牌，哪里知道就是一块低调的

◎ "诂经精舍旧址"石碑

第二章／精舍旧址·烟雨俞楼

石碑。

来来往往的游客在我的相机镜头前快速移过，几乎没有人在意这石碑。石碑两米左右，横卧在行人道的草地上。碑上刻有阮元像，文字记录了关于诂经精舍的创始经过，文末云："物换星移，精舍建筑虽已湮灭，然雪泥鸿爪，仍可追寻。西湖风景名胜区管委会努力征集历史资料，征求专家意见，在精舍区域内立此碑为志。"

百年过去，精舍以立碑的方式为后人所纪念，其精神实质仍不被遗忘于西湖山水间。看到碑在，杭州市政府对于古迹的种种保护，市民多少是欣慰的。

说回俞楼。我曾想，俞樾百般拒绝兴建此楼，反复提到当时弟子们筹措资金的困难，那么这楼想必一定相当豪华的吧。然而直到走到它的跟前，才发现，"哦，真是十分古朴"——飞檐翘角的楼阁古雅端庄，门廊上挂着一块墨色的匾额，题字为"俞曲园纪念馆"，落款是钱君匋先生。

侧边有一块暗红色花岗岩，写有：

清末著名学者俞樾住宅，俞樾（公元一八二一年—一九零七年），字荫甫，号曲园，浙江德清人，道光三十年（公元一八五零年）进士，曾任官翰林院编修，河南学政。后罢官潜心学艺研究，主持苏州紫阳书院，同治七年（公元一八六八年）任杭州诂经精舍山长，擅长古文字学，著述颇丰，为一代朴学大师。其弟子有吴大澂、徐花农、章太炎、吴昌硕等。此楼为弟子及友人清光绪四年（一八七八年）集资兴建，一九九八年九月重建。

俞楼最初的选址本不是在这里，而是三潭印月。

当年俞樾先生的挚友彭玉麟（1817—1890）曾在西湖的小瀛

洲上建楼，名曰西湖退省庵，那是为来杭州小住所专门建造的几间屋宇。彭玉麟曾协助曾国藩创办湘军，常年巡阅长江水师，有时为短暂小憩休养，他就会到杭州见见老朋友俞樾。俞樾便为他选了个合适的建楼地——湖上最美的小岛三潭印月。俞樾在信里欣喜地说："三潭印月前年经人新修了一番，平桥九曲弯弯，水光如镜，比起平湖秋月来雅致得更多一些。你若来杭州，住在这有山水为伴之地，这退省庵也是为西湖又增添了一处名迹了。"彭玉麟见信后大喜，不久，这退省庵便建起来了。

为此俞樾心里十分高兴，写下一首诗《彭雪琴侍郎退省庵在三潭印月，与余所居诂经精舍止隔一湖心亭耳。过湖奉访，率成一律》：

> 退省庵中旧勒铭，今来相访近南屏。
> 回看对面孤山路，止隔当心一角亭。
> 闲趣尽容吾辈领，谰言试说老僧听。
> 请从此夕推窗望，上将星联处士星。

两友促膝长谈，舟中品茗唱和，上将星大约指的是彭玉麟，俞樾则把自己比作处士星，两人坐拥西湖的两地，推窗一望，情义深厚。可是为什么俞楼不和退省庵建在一起呢？后来得知，徐琪和彭玉麟当年是考虑到俞樾已经年迈，不便频繁地舟船来往，毕竟诂经精舍在孤山，还是将俞楼建在孤山更方便一些。

欧阳修与六一泉

六一泉原是宋代高僧惠勤讲经的地方，宋熙宁四年（1071），苏轼初任杭州通判时，在他的老师欧阳修推荐下，在西湖孤山结识了惠勤和尚。两人相见畅谈甚欢，从此结下深厚的友谊。只是三人齐聚的期待永远没有实现。熙宁五年（1072），也就是苏轼认识惠勤的第二年，欧阳修在颍州病逝。十多年后，当苏轼再次来到杭州时，惠勤也已不再，他内心万分感慨，便决定将此地以欧阳修的号"六一居士"为名，命之曰"六一泉"。

◎ 六一泉

苏轼还专门写了一篇《六一泉铭》为志，文章大意是：惠勤虽然言辞之间看似怪异，但是他有他的道理，这道理也是实然。认识惠勤的第二年，没有想到欧阳修离世，我在惠勤这里抱头痛哭。等到元祐四年（1089）我任钱塘知州又来杭州时，却不想惠勤也早已不在了。人生真是无常啊！我探访惠勤的旧居，他的两个弟子正在给惠勤画像。这里本来没有泉水，我来这里之前的几个月，在讲堂之后忽然有泉水流出，泉水甘甜白净，实在出奇，我便决定在这里凿岩架石为室，并取泉名为六一泉。

《诂经精舍文续集》里有两篇学生所做的课艺，同题为《拟东坡六一泉铭》，一篇作者为邹志路，另一篇为朱脩之。两篇课艺文笔稍显稚嫩，但都很自然，比如邹志路的：

泉之出也，不于滁，不于颍，而独于杭。意杭人实思慕公，而公之风流文采，其传于数千里之远与数十年之久者，真如水之在地中，而随处可沐其芳。纸窗竹屋，与子徜徉。酌此泉而歌之，恍听《山中乐》，余音之琅琅也。

俞楼里古老的召唤

距离六一泉几步路的地方就是俞楼了。俞楼最初并不名为俞楼，而是称为第一楼。俞樾《西湖三祠名贤考略序》中记载，第一楼最初建成是供掌教者及其家属日常居住生活所用，咸丰年间修缮后，规模更大，建成三楹，前堂供奉许慎、郑玄二位先生神像，中堂奉前巡抚阮元、富呢扬阿、帅承瀛，前学使朱珪、罗文俊、吴钟骏，前主讲王昶、孙星衍，而后堂则是正气、遗爱、先觉三祠。

虽然名为"三祠"，但在建成之初只有两间。光绪五年（1879），俞樾的学生徐琪在"第一楼"旁建了俞楼，并"集花卉竹石，书简梅鹤"于楼内。此后，彭玉麟到杭州时，见俞楼造得太小，不足以供姚夫人等居住，便自己出资在俞楼的西面又增盖了两间屋子。落成以后第二年，又在屋子旁边建了一座西爽亭，在俞楼和西爽亭中间的一些空地上，开凿水池，引六一泉水和西湖的水注入其内，还种上一些花草松树，于是假山叠石、亭台小阁、松柏林泉，宛若小蓬莱。俞樾在《百哀诗》中有"添筑西头两间屋，多情更感老彭铿"之句，说的就是此事。

俞楼未建成以前，听闻建楼的人已很多。徐琪给老师的信里说，西湖的船工、采菱女都争着想一睹俞楼风采，纷纷呼渡于楼下。等到楼成后，俞樾专门著有一卷《俞楼经始》，将这些内容刻入《俞楼杂纂》中，流播于艺林文墨之士中，从此无人不知俞楼了。

如今我们所见到的是重建后的俞楼，我们在重建过的俞楼中仍然可以感觉到先生严谨的治学态度。大堂正中挂有俞樾的画像，画中的俞樾先生拄着拐杖，但精神矍铄。两边有对联："千古一诗人，文章有神交有道；五湖三亩宅，青山为屋水为邻。"对联旁有题跋：
"荫甫前辈主讲诂经精舍十余年，多所成就，门下士徐花农、庶常等为筑俞楼于精舍之西，彭雪琴侍郎为点缀花石以韵之，一时文人题咏满堂，假集四语，书呈粲正。馆侍谭钟麟并饯。"

　　墙上有一块玻璃封起的石碑很显眼，走近看，是俞樾书法石刻的《枫桥夜泊》一诗，字体端正有余韵，用笔圆转，结构匀称，不像弟子吴昌硕那样散逸，更古一些。俞楼一共有两层，向游客开放的是一楼。一楼四周的墙上是一些关于俞樾的生平经历、学术成就及与弟子交往故事的介绍。先生虽然为一代朴学大师，但他还创作了大量的诗词、随笔，有着热爱生活的浓浓情趣。

◎　俞楼前湖上碧波

俞樾临终前留有一诗《别俞楼》：

占得孤山一角宽，年年于此凭栏杆。
楼中人去楼仍在，任作张王李赵看。

别家人，别诸亲友，别门下诸君子，别曲园，别俞楼，别所读书，别所著书，别文房四宝，别此世，别俞樾，于是可以告别这一生。俞楼应当属于先生心中重要的事物，百年过去，楼中人去楼仍在没有错，但先生不知道的是，他仍然活在现世的精神里。

半个月后，我趁春暖恣意便又去了一趟孤山，却不想俞楼的四面已被施工单位围起，正在维护修缮。不知何时才又开放。想到俞楼建成时，彭玉麟听到徐琪说这院子不免空旷，如果能多一些假山玉石就更好了，他就把这话悄悄记下了。没过几天，等徐琪再次来到俞楼时，竟然发现彭将军和工人一起在忙碌地搬运石头。原来那天以后，彭玉麟便亲自带着将领到孤山一圈寻找称心如意的石头，不能让俞楼留下一丝遗憾。彭玉麟虽然自己是将军，但是从来都不爱浮华，布衣蔬食地过日子，而待人则毫不吝啬，俞楼的建成也有他很大的功劳。

据说俞楼还有一圈围墙的，院子里亭台楼阁，花石错落，四季如春，但后来如何废弃无法知道了。不过俞楼虽然玲珑紧凑，在孤山南麓这一带真的不算热闹，但我总觉得，在那檐顶四角翘起的石缝里，遗漏着古来的召唤，是学术的召唤，亦是师生之情百年永不变的召唤。

第三章

门墙内外·几度春繁

精舍创立：贯通经诂传汉学

道光三年（1823）的正月，雪中的紫禁城喧喧嚷嚷，新年的期许好似大雪，落满人间。阮元的长子阮常生呵出一口暖气，坐在窗前思忖："谁最合适来为父亲的年谱写上序言呢？"他看着面前刚刚编完的整整 24 卷《阮元年谱》，打算将这份厚重的年谱作为祝寿礼，献给即将六十大寿的阮公。

阮常生脸上的凝重渐渐散开，唯有龚自珍最合适不过。龚自珍比阮元小 28 岁，一直视阮公为敬重的前辈和知己，除了敬重其毕生为国奉献的功绩以外，更多的是服膺他浩瀚璀璨的学术贡献。

"落红不是无情物，化作春泥更护花。"龚自珍与阮元都是这有情的"落花"。诗与人，一如天与云，如时间与记忆，情思脉脉无两断；诗人与时运，亦如红霞依山，交互映衬着各自的命运。

同为这情思深深的落红，龚自珍没有半分婉拒之意，庄重地答应了为此书作序言的邀请，并慷慨写下 4000 多字的一篇序文，名曰《阮尚书年谱第一叙》。

那一年，龚自珍只有 32 岁；在当时，这篇序言也被美誉为"天下第一序"。序言写了些什么呢？

公毓性儒风，励精朴学，兼万人之姿，宣六艺之奥。……公知人若水镜，受善若针芥。蠖材牛铎，入聪耳而咸调；文梓朽木，经大匠而无弃。器萃众有，功收群策。公文武兼资，聪明异禀。胸中四库，妙运用于无形；目下十行，识姓名于一过。凡在僚友，畏其敏，服其大，此公之功在察吏者也。仁心为质，施于有政。每问风俗，先及桑麻。昔犀浙人之馐，远泛舟于蜀江，今徕番舶之粟，平居贾于粤市。其通有无也兼惠商民，其化疆界也并泯中外，此公之功在抚字者也。

文字至粹，没有添加过誉的修饰，还原了一位学术做得好、做官也一样好的前辈。龚自珍概括阮公"毓性儒风，励精朴学，兼万人之姿，宣六艺之奥"，这 18 个字就已是最高的评价了。论其有大儒之风范，治学严谨，精通六艺的精髓，对训诂学、史学、金石学、自然科学、修辞文章之法等等都一一综述。这样高的赞誉，无论怎样看，阮元都是百科全书般的大智者。

若继续论阮公的为人为官之道，又没有半分的逊色，甚至更加令人佩服。他每到一个新的地方就任，首先便是走到百姓家中看看真实的样子，用心地询问当地百姓的生活习惯和民风民俗。将乡民的衣食住行放在心里，这便是阮元的使命。

倏忽日月，行云如羁，阮元做官的这一辈子，就是将圣贤之言谨记于心的一辈子，将圣贤之道化作实实在在身体力行的一辈子。正是因为有着这样的好官，龚自珍才能洋洋洒洒毫不保留地去写。

也正因如此，才有了诂经精舍的创立。

乾隆皇帝称赞阮元说："阮元人明白老实，像个有福的，不意朕八旬外又得一人。"后来嘉庆皇帝评价阮元，说他是"显亲扬名，为国宣力，成一代伟人"。道光皇帝对其又是一番褒赞，说："久任封圻，朕御极以来，优加倚任，特畀纶扉，宣力中外五十余年，学裕识优，勤劳懋著。"谁的一生，可以经历乾隆、嘉庆、道光三任皇帝的恩宠？

三位皇帝都重用过阮元，但凡是哪里有了动乱，他们最先想到的就是阮元。而阮公又凭借着对乾嘉汉学延承与创新的责任，主张治经于训诂考据和探求义理两者达就平衡，为此不遗余力创办诂经精舍，以发扬汉学。

他的为人与为官，禀赋与才华，乃为时人所敬、为今人所服。这便是阮元的开篇。

嘉庆五年（1800）正月，也就是诂经精舍创办的第一年，37岁的阮元刚刚被任命到浙江，担任浙江巡抚。

在嘉庆皇帝之前，阮元曾得到过乾隆帝的知遇之恩，说起来这里还有一个故事。那时，正值"翰詹大考"，清廷对翰林院和詹事府两个机构的翰林官组织了一场考试，乾隆帝要求考生以"眼镜"为题写诗。这要是从来没有接触过这样新事物的，恐怕是要临场窘迫了。阮元很巧，前不久听闻乾隆虽然年寿已近八十，眼力却相当不错，考试时随即便得心应手，赋诗如下：

> 引镜能明眼，玻璃试拭磨。
> 佳名传硬碟，雅制出欧罗。
> 窥户穿双月，临池湛一波。
> 连环圆可解，合璧薄相磋。
> 玉鉴呈豪颖，晶盘辨指螺。
> 风中尘可障，花下雾非讹。
> 眸瞭宁须此，瞳重不恃他。
> 圣人原未御，目力寿征多。
>
> （《揅经室四集·卷一诗》）

乾隆阅毕，拍手称妙。于是，原本第二名的阮元，马上被提到了第一名，从此乾隆帝就对阮元有了更加深刻的好印象，即所谓"明白老实"。

明白老实，其实说到底，就是聪明并且为人处事谦逊得体。对于官员来说，聪明才智当然很重要，但皇帝更加看重品德。很快地，阮元得到了乾隆帝的恩赐赏拔，黄绣扇囊、高丽布手巾、绸手帕等一些珍稀之物，眼花缭乱，实在是不平常的赏赐。

不料没过多久，乾隆驾崩。嘉庆皇帝了解阮元，也深知乾隆十分器重阮元，信任便很快建立起来了。嘉庆五年正月，诏阮元实授浙江巡抚一职。

"半为将种半书生"，阮元的成就离不开家世的传承，他身上文武兼备的特质是在他特别的家庭环境中孕育的。

祖父阮玉堂（1695—1759）是一位文武双全的干将。喜爱诗词，精通骑射，曾官至河南卫辉营参将。他为人刚正，为官清廉，受到当地百姓的爱戴。在习武之余，他钻研文学，写下过《珠湖草堂诗集》三卷、《琢庵词》一卷、《箭谱》一卷、《阵法》二卷。

父亲阮承信（1734—1805）却和祖父阮玉堂两样，不走仕途，而是过着独善其身的生活。尽管阮承信不参加科举考试，不入官场，但读书仍然是他最大的乐趣，他从小就精熟《春秋左传》《资治通鉴》等文史经籍。在阮玉堂耳濡目染下，阮承信还谙熟射艺，每次与人比量射箭，总是胜出一筹。

阮承信为人刚正不阿，儿子阮元在浙江做巡抚期间，便有人前来拜见他，并拿出纸票说："契值千金，请先生收下，为先生祝寿。"没有想到，阮承信不但不受，还怒斥此人，说："我平生以苟得钱财为耻，不平白无故受他人之赠，清贫于我，并不廉耻。我儿受朝廷之任，是为人民解忧排难，清廉都不足以报效皇帝的嘱托！你若以礼相来，我便以礼相待；贿赂于我，是将我受制于何地？"那人听完，立刻面露窘态，知罪而退了。

平日里，承信十分乐善好施，虽然生活并不富裕，但是很愿意以己之力帮助贫苦的人，并且常常教导儿子，做官就要多关心百姓疾苦，做百姓的父母官。嘉庆六年（1801），萧山、钱塘、余杭、仁和、山阴、富阳、临海、仙居等县城的田地、场灶被大雨所淹没，当地乡民流离失所，儿子阮元时任浙江巡抚，带领官员到各处倡议捐款赈灾。阮父得知此事后，拿出自己的积蓄 3000 两白银，递给儿子说："这是我从你俸禄中节省下来的，现在拿给你的百姓用，救济良民，这也是用得其所。"阮元听后，深受感触，从此更加严于律己。

如果说父亲这一辈留给了阮元忠厚正直的武将之风，那么才思文雅的母亲则教会了儿子如何读诗，如何读懂人生这一本滋养万物的大书。

阮元母亲的名字不可知，人们只是称她为林氏。林氏从小擅长写诗作文，精通文史经籍，文学涵养丝毫不逊于阮承信。阮元还只有五岁的时候，母亲林氏就把阮元送进私塾读书。她觉得私塾的内容还不够，便又亲自为儿子整理出一套汇集了王维、孟浩然、高适、岑参四大家的诗歌教材，给阮元补课。也正是如此，阮元从小接受的就是完整丰实的诗词文赋教育，他又从这些诗人身上，读懂了爱国的本质和人生路途的浩瀚。

父母两系的教育观念，教育了阮元"读书当为有用之学，徒钻研时艺，无益也"。清苦的日子，不算要紧的，学问人品才是最重要的，阮元谨记父母的教导。

《诂经精舍文集》卷八录有阮元一篇程作，名为《〈论语〉"一贯"说》。文中摘引体现阮元承载父母教育思想的片段：

圣贤之言，不但深远者非训诂不明，即浅近者亦非训诂不明也。就圣贤之言而训之，或有误焉，圣贤之道亦误矣，说在《论语》之

"一贯"。《论语》"贯"字凡三见：曾子之一贯也，子贡之一贯也，闵子之言仍旧贯也。此三"贯"字，其训不应有异。元案：贯，行也，事也。三者皆当训为"行事"也。孔子呼曾子告之曰："吾道一以贯之。"此言孔子之道，皆于行事见之，非徒以文学为教也。"一"与"壹"同，壹以贯之，犹言壹是皆以行事为教也。

阮元以圣贤之言开篇，阐述训诂的必要：如果训诂有误，那么今人对古人之言、古人之道就无法理解清楚，会引起许多偏差。实事求是地做阐释，将古人经籍的原本面貌一字一字地注解出来，那么才能真实地展示圣贤的思想。

何为"一贯"，便是一以贯之。阮元解读孔子的思想，他认为任何所学所研的知识，都应该在自己的行为处事上有所体现，不能将所学与所用分割开来，学文学历史不能只是学而已，而应当在日常生活中做事，这便是学以致用。

从孤山南麓 50 间屋舍说起

关于诂经精舍建设的始末，阮元在其所作文章《西湖诂经精舍记》中有所记载：

圣贤之道存于经，经非诂不明。汉人之诂，去圣贤为尤近。譬之越人之语言，吴人能辨之，楚人则否；高、曾之容体，祖、父及见之，云、仍则否。盖远者见闻，终不若近者之实也。元少为学，自宋人始，由宋而求唐，求晋、魏，求汉，乃愈得其实。尝病古人之诂散而难稽也，于督学浙江时，聚诸生于西湖孤山之麓，成《经籍籑诂》百有八卷。乃抚浙，遂以昔日修书之屋五十间，选两浙诸生学古者读书其中，题曰"诂经精舍"。"精舍"者，汉学生徒所居之名。"诂经"者，不忘旧业，且勖新知也。诸生请业之席，则元与刑部侍郎青浦王君述庵、兖沂曹济道阳湖孙君渊如迭主之。诸生谓周、秦经训，至汉高密郑大司农集其成，请祀于舍。孙君曰："非汝南许浃长，则三代文字不传于后世，其有功于经尤重，宜并祀之。"乃于嘉庆五年五月己丑，奉许、郑木主于舍中，群拜祀焉，此诸生之志也。元昔督学齐鲁，修郑司农祠墓，建通德门，立其后人，是郑君有祀，而许君之祀未有闻，今得并祀于吴越之间，匪特诸生之志，亦元与王、孙二君之志。谓有志于圣贤之经，惟汉人之诂多得其实者，去古近也。许、郑集汉诂之成者也，故宜祀也。精舍之西有第一楼，生徒或来游息于此。诗人之志，登高能赋，汉之相如、子云，文雄百代者，亦由《凡将》《方言》贯通经诂。然则舍经而文，其文无质；舍诂求经，其经不实。为文者，尚不可以昧经诂，况圣贤之道乎！

他首先说明了为何要坚持创办精舍，是因为古人先哲将他们的思想著于经籍中，然而时间如风沙一过，古人与今人，时代之流传，留下诸多的遗憾，语言的隔阂，地域文化的差异，让今人难以辨清，于是阮元坚持要诂经。朱熹的理学重在主观地诠释儒家经典，然而就治学而言，却缺失了做学术的本真，阮元提倡的是客观还原先贤思想的真实，重视文字的本义。

诂经精舍的建立其实是水到渠成的事。早在任职浙江巡抚的前几年，阮元就历任过山东和浙江的学政，对教育有自己的认识。学政，即国家负责教育的官员。学政的使命，是要为国选拔、培养能做官的读书人。阮元很清楚自己的职责。在做山东学政时，他会在科举试题中增加一些实用考证的文章，而弱化八股文，强调实事求是。

人的思想是最难管理的，怎样的官员才能助力国家的发展呢？阮元提出："有陋儒之学，有通儒之学。何谓陋儒之学？守一先生之言，不能变通。其下焉者，则惟习词章、攻八比之是务，此陋儒之学也。何谓通儒之学？笃信好古，实事求是，汇通前圣微言大义而涉其藩篱，此通儒之学也。"这是他心中不惑的定律。真正的大学者，一定不是只会把文章写得顺畅、辞藻修得华丽的人，八股文之流不可取，他需要有广博的思想，能将先哲之思想融于个体生命里，而在日常的言行中用于实践，这样才能使社会不断向前发展。

弟子黄以周也论述过关于精舍创立的宗旨。他说："古者王子、卿、大夫、士之子及国中俊秀之士，无不受养于学。学校一正，士习自端，而风会藉以主持。自唐代崇尚诗赋，学校失教，华士日兴，朴学日替。南宋诸大儒思矫其弊，于是创精庐以讲学，聚徒传授，著籍多至千百人，而书院遂盛。有明以来，专尚制艺，主讲师长复以四书文、八韵诗为圭臬，并宋人建书院意而失之。近时贤大夫之崇古学者，又思矫其失，而习非成是，积重难返，不得已别筑讲舍，选高才生充其中，专肄经史辞赋，一洗旧习。若吾浙江之诂经精舍、广东之学海堂，其较著者也。"他们希望能恢复过去尊崇朴学的社会风气。

◎ 澹澹长空

而阮元巡抚浙江做的一件重要的事，就是将杭州西湖孤山南麓的 50 间书屋用于精舍的建立。

哪里忽然冒出了 50 间屋舍？

原来早在乾隆四十九年（1784），西湖孤山的圣因寺被改建成文澜阁，用来藏书。文澜阁里藏书十分丰富，《四库全书》就在其中，这让阮元心动不已。嘉庆二年（1797）正月二十二日，时任浙江学政的阮元召集了 20 多位两浙精通经史的士子，在杭州崇文书院商议编纂《经籍纂诂》一事。[1] 那天，阮元将各位学人的编纂分工安排妥当，并给大家分发了修书的俸钱。

《经籍纂诂》是一部大型的训诂字典，按照平水韵分部，每韵为一卷，最后编成的有 106 卷。这 20 多人大部分都是崇文书院的肄业生，随着编书的推进，人数渐渐增多，达到了 33 人的规模。阮元确定征集的资料为：群经、诸子本文中的训诂；群经旧注；古史、诸子和群书旧注；史部、集部书旧注；训诂专书。[2] 如此广博的征集范围，如果没有便利的典籍搜集条件，编纂的难度可想而知。

先前，阮元就曾与孙星衍、朱锡庚计划整理汇集汉唐的训诂资料，可惜未果，原因之一便是搜集资料的难度。因得知孤山的文澜阁里藏有《四库全书》，为了方便往返文澜阁借阅资料，尽量多匀出一些时间来完成这套书，于是阮元专门在文澜阁附近修建了这 50 间屋舍。星辰流逝，夏暑冬霜，他们与西湖的月为伴，夜以继日地修书。有的负责分韵、编韵，有的负责分纂、总纂，还有校对的、刊版复校的，一切都有条不紊地进行着。此书六卷至嘉庆四年（1799）十二月刻成，阮元邀请嘉定钱大昕、高邮王引之写序言。

---

1 王章涛：《阮元年谱》，黄山书社，2003 年，第 116 页。
2 王章涛：《阮元年谱》，黄山书社，2003 年，第 118 页。

到了嘉庆五年（1800）五月，阮元将这里重新修葺之后，选录了两浙擅长古文的读书人进精舍学习，其中有一部分就是曾经参与编纂《经籍籑诂》的弟子。《经籍籑诂》也成为最初讲学研习的内容，如果把这部字典真正弄懂，对于自身做学问也不怕了。

阮元还将东汉著名学者许慎、郑玄的牌位摆放在案上，奉其为精舍的宗师，这既为了纪念，也为时时刻刻以此自觉。绍兴府的讲师陶定山就描述了当时庄重祭祀先师的情景，他在《诂经精舍崇祀许、郑两先师记》中说："设木主祀汉太尉祭酒许君叔重、北海相郑君康成为先师，俾诸生以时习礼其间，甚盛举也。……讲诂经之学而不师两先师，犹衣食而忘先啬先蚕，师田而忘先貉先牧也。"不仅仪式十分隆重，而且在他们序位观念里，先师许慎的地位先于郑玄，是因为许慎之《说文解字》对于后世支撑经学研究起着不可替代也无法估量的重要作用。

关于办学的宗旨，左右楹联书："公羊传经，司马著史；白虎德论，雕龙文心。"让学生们天天记在心里，以弘扬汉学。

也有名落孙山的考生自怨自艾，阮元却能赏识他们，严杰就是其中一例。严杰多次考试落榜，嘉庆元年（1796），恰逢阮元在浙督学，录科举那天，阮元拿到严杰的试卷，仔细品读，他感到大为惊异，继而连连赞叹，于是亲自前往严杰的住处查访、对谈，并使其就学于诂经精舍。严杰后来成了学政大人的幕客，参与《经籍籑诂》的编辑，成为阮元的得力助手。阮元着手校勘《十三经注疏》时，亦安排了当时还是学生的严杰分校《春秋左传注疏》和《孝经注疏》两种，足见阮元对严杰的信任和欣赏。《诂经精舍文集》中也选入多篇严杰的文章，如《六朝经术流派论》《重橅天一阁北宋石鼓文考》《宋高宗御书石经考》《拟南宋姜夔传》《〈易〉"消息"解》等。阮元被革职后，他将女儿阮安和女婿张熙交由严杰教育，令其读书，那都是嘉庆十六年（1811）以后的事了。

严杰是阮元交往最深的一位弟子，相识三十四年间，一直跟随阮元做许多校勘的事。阮元后在广东设立学海堂的时候，招严杰与自己一道治理，并让严杰随自己共同编辑《皇清经解》。先生一生奔波全国各地，弟子也随其奔走浙江、江苏、北京、广东，没有半句怨言，只因先生发现了自己，培养了自己。阮元之于弟子，早已是默契的知己，是难得的贵人。

浙江乌程人张鉴早年卖画为生，但精通经史，喜爱读书，学术水平不低，阮元便吸收他来诂经精舍学习，并让他参与《经籍籑诂》的编修。在精舍求学后，张鉴敬佩于阮元潜心治学的品质，愈加发奋读书，著述颇多，也是精舍的常驻讲学者。当阮元受刘凤诰案牵连之后，张鉴也跟随阮元进京，与恩师交往十分密切。

徐熊飞曾经客居浙江平湖，年少穷苦，不能自食其力，然而励志于治学，在诗词和骈文方面有一定的长处。他曾经投于阮元幕下，向先生学习经史文化。《阮元年谱》记载，嘉庆五年（1800），阮元聘徐熊飞为平湖书院的院长。

精舍的西面，有一幢较为独立静僻的楼宇，被称为"第一楼"，远道而来的学生在这里住宿，朋友间的聚会宴饮也常于此进行。

浙江水患频繁，每次灾情一来，阮元就茶饭不思，心情分外沉重。西湖的水由于没有河道疏通，暴雨一来，城内便泛滥成灾。阮元决心下令挖河浚治，兴修水利。诂经精舍就在西湖边，古籍经不起雨水、大火的侵袭，阮元总结宁波天一阁的藏书经验，选址孤山，尽量离地面多一些的距离，又可以远离城市生活的烟火，减少火灾的发生。

精舍建成后，阮元招王昶、孙星衍、林述曾、张鉴等师友、弟子登西湖第一楼，赋《题西湖第一楼》诗：

高楼何处卧元龙，独倚孤山百尺松。

人与峰峦争气象，窗收湖海入心胸。

经神谁擅无双誉，阁影当凭第一重。

却笑扶风空好士，登梯始见郑司农。

有青松相伴左右，有西湖浸润心胸，湖山之间，人与自然旷阔而共情，从此有了百年诂经精舍的历史。

这真就是难得的好官。从此往后，钱塘的江水，静而深流；西湖的杨柳，绿了又绿。是的，阮巡抚还不忘为西子湖增添柔丽的风景，他命海塘之兵，在西湖沿堤遍插三千余枝杨柳树，装扮风景，也有利于水土的平衡。他还下令，每年添插千株，永远延续下去，造福于民。

原来读书人可以将世界装扮得如此清丽美好，原来武官也可以这样处事细腻。正因如此，精舍的建立一定不会是个意外。

道光六年（1826）的六月，阮元接到一纸令书，奉朝廷之命，调任边陲要地云南昆明任云贵总督。匆匆理好行李，当人们以为这一路上总会兴师动众做一番大排场，却没想到，阮元只随身携带了四车子的书，除此以外，别无他物。人家笑话他，可别成了书呆子，这样嗜书如命，去了昆明会不适应。为此，他写了一首诗："十载居岭南，积书数十架。兹为南诏行，安得全弃卸？戚友可以别，此事岂能罢？损之又损之，已劳四牡驾。"这是真正的读书人。

阮元作为浙江巡抚，通过自己的人脉，聘请了他的朋友王昶、孙星衍共同主持课试，当然阮元也授课。后又陆续邀请一些当时很有影响力的学者，如段玉裁、臧庸、顾广圻到精舍讲学，还有陈文述、陈鸿寿、陆尧春、周师濂等92位杭城附近的学者来诂经精舍讲学，他们大多是仁和、海宁、嘉兴、萧山、德清还有绍兴等地方的人。

第三章、门墙内外·几度春繁

◎ 现代的西湖

闭门读书，颇有些"莫思身外无穷事，且尽生前有限杯"的感觉，但更专注了，专注在雪月风花之外的案前书页里，专注在抛开了一切喧喧嚷嚷世界的宁静世界里。许多不错的学生诗歌和文章被选进《诂经精舍文集》中，印刻出版，从此流传了下来。从道光到光绪年间，断断续续，一共出了八集88卷。

不光只是训诂文字，阮元还十分重视自然科学知识。诂经精舍的课程里，涵盖了天文学这一科，另有地理、数学也被选入其中。若要民族建达，西方的科学技术也不能一律抵制。阮元研读过西方天文学等书籍后，也在思考富国强民的办法，比如学习自然科学。《诂经精舍文集》中，能找到学生们写过的有趣的内容，比如《大衍之数五十其用四十有九论》《禹凿龙门考》《五亩之宅考》《浙江即岷江非渐江考》等成果。

再比如，有模仿再古的前人写人物传记，一位老师命题"拟南宋姜夔传"，学生们使出法宝，一溜子写同题作文，篇篇都各有特色，独出机杼，文采斐然。徐养原的，张鉴的，严杰的，徐养灏的，徐熊飞的，还有何起瀛的，都是被选登的优秀作文。这倒是像极了我们老师布置给学生的综合性探究作业，不花上一些工夫，翻阅多种典籍资料，是绝对做不好也写不妙的。

再看学生们所做的地理类文章，遍引《水经》《山海经》，实在很有学问了！

精舍的学习氛围非常好，老师们授课也十分开放自由。有的题目若是偏难，老师会先就题目自己写作一篇范文，称为程作，然后学生就根据这一题目自己发挥，或可阐述有个性的见解观点，也可延续老师的思想完成。观点看法允许有异，只要观点明晰，言之有据就可。所以在《诂经精舍文集》里，我们可以读到许多同题的作业，有时还先附上老师的程作。阮元就有多篇程作，如《西湖诂经精舍记》《重修会稽大禹陵庙碑》《〈论语〉"一贯"说》《释邮表畷》

第三章 〜 门墙内外·几度春繁

◎ 湖上绿柳红春

《释葵》《浙江即岷江非渐江考》《南屏司马温公隶书〈家人卦〉考》《焦山旧藏周鼎，今以西汉定陶陵鼎并置焦山，诗以纪事》；另有孙星衍、王昶、段玉裁等，他们都有写过其他题目的程作。

段玉裁（1735—1815）是清代著名训诂学家、经学家，较阮元年长29岁，他还有另一个身份，那就是前文所述龚自珍的外公。段公师从经学大家戴震，而自己也有影响力极大的代表作品，那就是《说文解字注》，该作写就，几乎耗去了他30多年的功力。阮元曾邀请段玉裁参与他所主持校刻的《十三经注疏》，段公于嘉庆十三年（1808）写下《十三经注疏释文校勘记序》，两人交情不浅。在杭州诂经精舍期间，段玉裁就曾为诂经精舍的学生写过程作，《诂经精舍文集》中留下一篇《释能》。

南方的镜子

由于杭州的诂经精舍运营有序，影响力日益增强，嘉庆二十五年（1820）的三月，当阮元调任两广总督时，他凭借在杭州做教育的经验，在广州创办了学海堂。

其实广州当时已经有了羊城、越华、粤秀、应元四大知名的书院，但阮元觉得还不够，于是精心选址，在古树荫翳的粤秀山处破土动工，不久，环境清幽的学海堂便落成了。

学海堂的办学宗旨很明确："本部堂建学海堂为课通省举贡生监经解诗古之所。""且课举业者，各书院已大备，士子皆知讲习，此堂专勉实学。"这里提到了两个非常重要的内容，学海堂是提倡朴学、实学的。为此，阮元专门颁布《学海堂章程》，主要内容有这些：一，选派吴兰修、林伯桐、曾钊等八人为学长，共司课事。其有出仕等事，再由七人公举补额。二，每岁分为四课，由学长出经解文笔古今诗题，限日截卷，评定甲乙，分别散给膏火。三，选择课卷其文尤雅者，收存汇刻为《学海堂集》，如初集、二集、三集等，以示奖誉。四，拨番禺县海心沙坦 25 顷，发银 4000 两存商生息，以田租、银息为堂中固定经费来源，以垂久远。[1]

与诂经精舍相比，学海堂进步很多，至少有了更加规范的章程制度。课程与诂经精舍没有多大两样，但不设立山长，而是设立了学长制，让一些有才能且思想先进的教师共同负责学海堂的管理。

1　方志钦、蒋祖缘主编：《广东通史：古代下册》，广东高等教育出版社，2007 年，第 1082 页。

学海堂和诂经精舍一样，不讲授八股制艺，而是开设诸如与《十三经注疏》《汉书》《后汉书》《三国志》《文选》《杜诗》《昌黎集》等相关的课程。师资都有哪些呢？有战略军事家、诗人学者、哲学家和社会影响力较大的先锋人物，真可谓不拘一格聘人才，又可以说，教师多元跨学科。学海堂也因此延续了近百年。

光绪十一年（1885），梁启超就进入学海堂读书，而且读书非常优秀，几乎常年第一。由于学海堂设立奖学金制度，只要每月考试获得第一名，就可领到五十元的奖金，这几乎成为梁启超买书的资金来源。只要一领到丰厚的奖学金，梁启超便兴致勃勃地奔去书店买诸如《四库提要》《二十二子》《百子全书》等书。这让他可以在经史子集的知识海洋里畅游。他曾说："自吾之生，而乾嘉学者已零落略尽，然十三岁肄业于广州之学海堂，堂则前总督阮元所创，以朴学教于吾乡者也。"学海堂培养了一大批具有现代意识的知识分子，阮元是最有功的。

关于阮元创办的书院，大多人都只知道诂经精舍和学海堂，当然这两家也确实知名一些。然而我也很疑惑，阮元在山东、云南、贵州也都任职多年，就没有关照过当地的教育吗？即便浙江一带，乾嘉时期的书院遍地繁华，阮公仅仅点拨了这一家吗？我想不会没有的，大概是没有找到吧。直到后来读到另一个事，才打消了我的疑虑。

这是一个关于阮元生辰避客的事。每年生辰临近，很多朋友、幕僚、学生来看望阮元，这让他感到很不自在：一来是需要招待远道而来的客人，身心都十分疲惫，有些客人专程从外地赶来，闭门谢客总是不妥；二来是客人们为寿星专程准备了各种贺礼，可是阮元一身清廉，严于律己，向来不收任何东西，推来推去的，闹出许多尴尬难过不说，还容易伤害彼此交情。于是眼看着生日快到时，阮元索性想出一个办法：提前几日，前往杭城附近的海宁避客，小小清居一番，也好赏山赏景，给心灵放个假。

海宁盐官距离杭州只有五六十公里路程，嘉庆八年（1803）正月二十日，阮元 40 岁生日，那天他前往海塘照例休假避客，用"白居易四十岁白发诗韵"赋诗一首，题为《癸亥正月二十日，四十生日，避客往海塘，用白香山四十岁白发诗韵》：

> 春风四十度，与我年相期。
> 驻心一回想，意绪纷如丝。
> 慈母久违养，长怀雏燕悲。
> 严君七旬健，以年喜可知。
> 人生四十岁，前后关壮衰。
> 我发虽未白，寝食非往时。
> 生日同白公，恐比白公羸。
> 百事役我心，所劳非四肢。
> 学荒政亦拙，时时惧支离。
> 宦较白公早，乐天较公迟。
> 我复不能禅，尘俗日追随。
> 何以却老病，与公商所治。

字里行间，处处尽是鞠躬尽瘁、任劳任怨的阮元。他说自己，"我发虽未白，寝食非往时"，虽然头发没有霜白，然而日日夜夜思虑公务之事，使得睡眠和进食已非同年轻时的自己。"生日同白公，恐比白公羸"，尽管写诗时与白居易同龄，可惜为何身体健康状况却相距如此的远，原因大概就是"百事役我心"，人的精神支出非比体力的消耗。他又说，学术渐渐荒废，处理政事也是拙笨不灵，总是担心自己这两样都没有条理而一事无成。入仕的时间较白居易早，乐天知命却比白居易迟。做不了孝顺儿子，也做不到出世归心，人生几何啊！不惑之年的阮元，被各种各样的尘俗之事牵绊着的阮元，不正是因为他是全心全意为民生的阮元么。

生辰说是避客，那是理想的样子，阮元仍然没有空闲下来，到处视察当地的教育情况。经地方官员介绍得知，海宁当地其实有过黄冈、正谊两所书院，只是名字尚存而遗迹无从考证。于是阮元率领当地绅士创立安澜书院，聘请当地大儒周令春为院长，并请大府命题考课。一直到嘉庆十三年（1808），安澜书院举行不废。日后随着经费不能到位，各方事宜管理不全，书院渐渐衰落下来。

"安澜"，我被这好听的名字吸引住了，到处打听，查阅文献，遗憾却很少有这座书院的历史记载，倒是在青岛的唐岛湾南岸深处有座安澜书院，不过那是公园里品茶看书的地方，环境静而雅致，古琴声声，书画映入眼中，淡淡的古典园林气质，里面也卖许多时髦的书籍，但毕竟历史不同。

几近绝望时，终于在光影细碎的时间角落里找到关于"安澜"的一些渊源。盐官镇中心小学，别名安澜小学，原来它就是安澜书院的今生，至今竟已有 200 多年的历史。从闹中取静的书院，到后来改名为"安澜小学"，又因海宁行政区域的调整更名为"盐官镇中心小学"，这期间经历了多少无人知晓的难关、战乱，真是一所有底蕴的学校。

乾隆年间，清高宗巡访江南，曾醉心于海宁盐官这安澜书院附近的"遂初园"，因园中流水小桥清幽别致，便赐名为"安澜园"。这安澜书院的名字，会不会也是乾隆所赐呢？我想，几经沧桑，岁月难解的一定还有许多其他的故事。

翻到当代教育学者王炳照老师的《中国书院史话》，里面说，从雍正十一年（1733）开始，政府不再提倡私人兴办书院，而采用官办的形式，并要求各省会所在地至少兴建或者修复一二所最高的书院，而且经费不必担忧，一律国家予以拨款。为此，雍正还亲自拟定一条谕令：

近见各省渐知崇尚实政，不事沽名邀誉之为，而读书应举者亦能屏去浮嚣奔兢之习，则创建书院，择一省文行兼优之士，读书其中，使之朝夕讲诵，整躬砺行，有所成就，远近士子观感奋发，亦兴贤育才之一道也。督抚驻扎之所，为省会之地，着该督抚商酌奉行，各赐帑金一千两。将来士子群居读书，须预为筹划，资其膏火，以垂永久。其不足者，在于有公银内支用。封疆大臣等并有化导士子之职，各宜殚心奉行，黜浮崇实，以广国家菁莪棫朴之化，则书院之设，于士习文风，有裨益而无实弊，乃朕之所厚望也。

这篇谕令文思宏阔，笔力笃定，处处读到一位优待读书人的贤君。

"菁莪棫朴"，这四个字很少见到，是有何深意？

乾隆帝在一首诗里曾用过这四个字，诗里说："书院新开号汇芳，不因叶错与华裳。菁莪棫朴育贤意，佐我休明被万方。"这首御诗是乾隆为北京的汇芳书院所题的，诗名即是《汇芳书院》。

汇芳书院，是乾隆七年（1742）所修建的园林式书院，曾为圆明园四十景之一。书院内有涵远斋，用于收藏全国各地搜寻而来的古今藏书，乾隆帝很喜欢到这里研读经史。这里还有戏台和轩亭，直到被英法联军一并所焚毁，书院的一切仿佛从未发生过，历史真是无法想象。

五六岁的时候，父母领着我到北京圆明园游玩，印象中只有两个字"真大"。他们后来告诉我，穿着的新鞋子把脚都磨坏了，我照旧乐此不疲地在里面跑着，至于其他的我并没有深刻印象，小孩子哪里懂得这些故事；直到前两年我因为一幅想看的画又专程北上去了一趟故宫，亦辗转停留在昔日恢宏的圆明园，那种时间扑面而来的兴亡之感与情感里交织涌来的失落，是真的难以言喻。如今走到圆明园遗址，也只能看到几块荒凉的巨石，是书院仅存的遗迹了。

"菁莪"出自《诗经》，在《诗经·小雅·菁菁者莪》里有"菁菁者莪，在彼中阿。既见君子，乐且有仪"。"菁菁"是指茂盛之状，"莪"则是水边一种草本植物，连在一起，便是感叹莪蒿长得真繁茂啊；又因《菁菁者莪·序》里有"菁菁者莪，乐育材也，君子能长育人材，则天下喜乐之矣"，因此"菁莪"指为育材的意思，育人，使之成材。"棫朴"则取自《诗经·大雅·棫朴》中"芃芃棫朴，薪之槱之"，即为白桜和枹木的意思。两位君主引儒家经典之义，设立书院以培养人才，都足可见当时对于发展人才的渴望。

雍正意思是将私立办学的形式改成官办，而且希望永远做下去，做些实实在在的能利于国家发达的教育。雍正还要求各省巡抚不可有旷日引月之举，先要带头，以身作则，将书院的改制视为当务之急。

于是此令一出，各省便纷纷执行，全国各地的书院如雨后春笋般出现，杭州敷文书院就是浙江的代表。就记载中提到的，官府先后修复的省立书院还有北京金台书院、南京钟山书院、苏州紫阳书院、长沙岳麓书院、广州粤秀书院、桂林宣成书院、昆明五华书院等，共 23 所。

等到了乾隆年间，书院仍然在不断发展。

像何其芳《预言》里的那句诗"告诉我春风是怎样吹开百花"，诂经精舍，仿佛从阮公的手掌里渐渐开出了花来，一批批的学者来此聚会，做着与学术最贴近的事，开启了清代书院培养真才实学之士、讲求经世致用的风气。

走过岳庙时，我也会想起两百年前有位功德无量的父母官，曾经一个人笃定地站在这里，扫去岳飞墓的落叶，带领一批又一批学子来此祭祀，告诉世人什么才是伟大的价值，什么才是英雄的使命。

天地间，有限的时光，有限的个体生命；但天地间另有一种无

◎ 日月悠长　流水不止

第三章、

门墙内外·几度春繁

限，无限的创作，无限的思想，有的人就能再现他们的统一，阮元便是其一。

行云逝而无语，却映白了整个天地；苏轼也曾走在这孤山之麓，望着澹澹绿水，抓起一把湖堤的泥土，他会不会想过，多少年后，这里来过一个与他一样的人，做着一样令人幸福的事。

在世界的另一端，撒哈拉沙漠有永无止境的沙子，而博尔赫斯抓起一把沙子，将它撒落在别处，他说，他正在改变撒哈拉沙漠。我想，这就是生命的"曾经来过"。

"千秋万岁后，谁知荣与辱"，两百年后的真相是，我们依然为西湖的美而沉醉，也依然没有忘记曾经承诺杨柳依依的，那个叫作阮元的人。

阮元在这里，实现了自己的愿望。

一封谕旨：阮元的离开

原以为一切都可以如期而至，一批批有志士子来这里读书，一年年地从精舍里走向生命的多一层维度，冬夏常如兹。然而往事并不如所愿。

嘉庆十四年（1809），阮元遭遇了一场突然的变故。

在阮元任浙江巡抚期间，曾与阮元同年获进士的刘凤诰担任当时的浙江学政，两人关系融洽，也常有文字来往。嘉庆十三年（1808）的秋天，刘凤诰替阮元临时担任乡试监考，考场中，对一位考生徐某徇私舞弊。考试结束后，流言顿时四起，第二年传到了嘉庆帝的耳中。

嘉庆帝面露不悦，立刻召来当时主管考试的阮元，下旨要求阮元彻查清楚事情的真相。阮元对这些作弊之事向来都是客观断案，他奉命一一密询刘凤诰的下属，以及当时考场中的工作人员，却不想，这些人都口径一致，坚定声称并无考场作恶之事，阮元认为这些属员不敢也不会欺骗巡抚，大约刘凤诰也不至于会做出那么出格的事，就如实在奏折上写下属员提到的一些考生"颇有浮怨"此类的话回复皇帝。

拿到奏折看罢，嘉庆帝面露不快，对处理结果并不是很满意，于是他另派一队钦差大臣专门调查此事。结果真相浮出水面，刘凤诰确实违背刑律，与考生有舞弊行为，并被解任遣戍黑龙江。

而此事中最苦恼的是阮元。他自责没有查实清楚，便主动上奏，写下长长一篇关于此事的自述，请求将自己严惩。

一封谕旨传到阮元的手中，里面这样写道：

阮元于刘凤诰一案未经早为参劾，经朕降旨询问，仍复含糊具奏，咎有应得。姑念其于刘凤诰款迹本未得有实据，只系失于软弱。伊两任浙江巡抚官声尚好，且学问素优，亦著加恩赏给编修，在文颖馆行走。

编修是正七品官，然而巡抚是从二品官，这落差实在太大。况且阮元并未参与其中，这样的降职确实未免苛刻。于是，嘉庆十四年（1809）的八月，阮元离开了杭州，离开了诂经精舍。

没有了山长的主持，精舍的人气也渐渐下降了。毕竟这么多年精舍的运行，日常的费用开销，有很大一部分都来自阮元自己的俸禄和他在外的筹措，没有了阮元，等于失去了经济来源，更何况学术的发展。

可想而知，一所学校无人管理，是怎样的无所依靠。学生也只好挥泪告别，离散，远走，自谋出路。精舍自此停办近 20 年。

几度修缮重见繁华

道光四年（1824），曾经这里肄业的学生胡敬在杭州的崇文书院主讲，他不忍精舍的衰败，便乞求布政使陈銮拿出一部分资金修缮精舍。

道光十年（1830），浙江巡抚富呢扬阿也为精舍修缮一番，并组织过一阵子的办学。

《诂经精舍文集》原是阮元掌教精舍时亲自刊印的，一共有14卷。但随着阮元的离浙，精舍的纷纷乱乱，文集也没有人再继续做下去，直到道光二十二年（1842），当厚厚的八卷手订本《诂经精舍文续集》出现在大众的面前时，精舍昔日兴盛的面貌再次成为杭州的新闻。

续集何以成形？这还得从阮元离任后的另一位浙江巡抚刘韵珂说起。

道光二十二年（1842），刘韵珂担任当时的浙江巡抚。历史上有文献记载这位巡抚的资料不是很多，但实际上刘公也是征战多地的朝廷重臣，他历任云南盐法道、浙江广西按察使、四川布政使、浙江巡抚、闽浙总督等官职，虽然农民家庭出身，但为人处世比较务实，因此深得皇帝欣赏。

任浙江巡抚之前，刘韵珂对浙江一带经济文化并没有太多了解，于是在刚来这里不久，处理了一些周边沿海防务等事后，他开始思考如何规划浙江的文化建设。"杭州人文底蕴深厚，也是江南的学术中心，这里的文人读书并不多只为科举之用，尤其是崇尚经术的诂经精舍，不可轻易中断他的发展。"想到这里，刘公便萌生了重建精舍的想法。

恰逢浙江学政罗文俊来视学，他就邀约学政一起坐下来规划商议文化发展的事，尤其当谈论到诂经精舍时，他们便两眼放光，彼此达成一致，十分希望精舍有朝一日能够重现往日辉煌。

一日，刘韵珂北上拜访阮元。看到昔日老巡抚的那一刻，他不禁热泪盈眶。阮元仿佛知道他的所想，见到刘韵珂的第一件事，便关切地向他询问起精舍的现状，阮公说："刘公，诂经精舍学风不可断，我曾经在堂中摆放许慎、郑玄两位先贤的祀像，是希望经史之学能发扬光大，继承先人治学的风气，如今这任重道远的事，唯有你才有能力办好啊。"听完阮元语重心长的这番话，刘韵珂备感难忘，当即便表示愿意重振学风，一定不负众望。

回到浙江以后，刘韵珂找来罗文俊商榷具体的办学之事。罗文俊曾在阮元所办的广州学海堂里学习，是阮元亲自提拔的人才，因此他对精舍的重建很有信念，也很有热情。但毕竟自己有其他事务要忙，不能长期住在精舍里维护管理，罗文俊就委托胡敬来整理历年资料，挑选十年来精舍里较为出众的优秀课艺作品进行汇编，汇编起来的文集就命名为《诂经精舍文续集》。

胡敬果然没有令学政失望，汇编的八卷文集，各种体例均有精选，而且内容十分优质。胡敬是诂经精舍最早的学生，也是阮元寄予厚望的优秀学生，更是《诂经精舍文集》中文章出现率最高的学生之一，《六朝经术流派论》《唐孔颖达〈五经义疏〉得失论》《重修会稽大禹陵庙碑》《重修曝书亭记》《送赵殿撰文楷、李舍人鼎元册封琉球诗》《题苏文忠公〈表忠观碑〉拓本》《龙井茶》《落叶》《方镜》《〈两浙輶轩录〉题词》都被收录在其中，学术功底十分扎实。由于他曾经亲自接受过阮元的指导，对于校勘之类的工作，胡敬心里是有杆秤的。他深知："阮公曾经告诫过我们，做校勘需要有百分之百的严谨态度，决不可倏忽而过，否则便是背离了老师的教诲，也背离了训诂之道。"在胡敬的努力之下，这才终于有了这本续集。

关于这些历史渊源，都被记录在《诂经精舍文续集》的三篇序言中，分别由刘韵珂、胡敬及吴棠三人撰写。

渐渐地，孤山脚下的诂经精舍不仅恢复了往日的课业，还邀请到各级官员轮流主持考课。从道光十二年（1832）到道光二十二年（1842），有记载的考课官如下：

富呢扬阿、陈銮、觉罗桂菖、张岳崧、钱宝琛、程矞采、宋其沅、陈用光、刘韵珂、史评、乌尔恭额、王维诚、金洙、窦欲峻、王铸、卓秉恬、宋国经、陈大溶、熊常镈、德兴、周开麒、张晋熙、赵光祖、季芝昌、罗文俊、常恒昌、蒋文庆、布彦博勒格、常大淳。

监课的学长有二人：

高锡蕃、陈其泰。

虽然没有再像阮元、王昶、孙星衍这样的学术大师来主持，但这里不乏各种工作经验的官员，比如有布政使、盐运使、按察使、督粮道，亦可以拓展学生的知识体系，使其了解社会运作的方方面面。

由于这段时间的精舍没有设立山长，日常教学工作大部分都是由当政官员主持，二位学长辅助进行的。在续集的前页里有记录的，在这十多年间，共有 183 位学生从诂经精舍里肄业，还有 151 人为"岁科试录送诂经精舍肄业之士"。

咸丰时代的精舍命运

咸丰年间，一场太平天国运动几乎摧毁了当时的学术文化环境。太平天国反对儒家经典，他们视儒家经典为妖书，但凡是见得到的书全都一并搜刮出来扔进厕所，或是大肆焚烧，烧不过来的如何处理？那么用水浇烂。谁也不准看，更不准收藏，若是发现私藏儒家典籍的人，一律是要砍头的。一片肃杀的学术氛围。

就是在这样的背景下，无论是怎样的书院、有谁的庇护，也都难逃一劫。"数声吹短笛，万骑忽西迁。原野尽流血，荒畴不复田。孤村鸟俱寂，百里灶无烟。一片昆山玉，凄余思旧篇。"有许多江南的文人用笔记录下当时逃难的情景，杭州、金华、海宁等浙江一带均是一片生灵涂炭之状。

与人的命运遭遇同样不幸的，还有珍贵的书籍。当太平军攻陷杭州城时，一些藏书家的悲惨是无法形容的，丁丙就是其中一位。丁丙（1832—1899）是浙江钱塘人，晚清著名的藏书家。我从《杭州市志》中找出了关于丁丙的文字记载，大多集中于太平军侵占杭州时他保护书籍的事迹：

光绪十四年（1888），杭州文澜阁所藏《四库全书》，历经兵燹，散失极多。自光绪七年至十四年（1881—1888）经钱塘富绅丁丙兄弟、浙江图书馆馆长钱恂、浙江省教育总长张宗祥等人先后组织补抄，使文澜阁《四库全书》基本恢复原貌。十二月，丁丙于杭州头发巷建成嘉惠堂，又称八千卷楼，藏书丰富，为清代著名藏书楼。

俞樾的《丁君松生家传》里说，当时为保命，丁丙逃出家门时仅仅只能带走一本《周易本义》而已。逃亡途中，他看见路边有人摊着一些包裹卖着什么，走近打开一看，没有想到竟然会是文澜阁散佚的《四库全书》！惊愕之余，他抓紧捡起地上零落的数十册书，仓皇奔离。后来经人打听，四处问询，丁丙求购其余散失的《四库全书》，并把它们装整起来，断断续续抄录，一共花了七年时间，补抄了上千种书籍，才使文澜阁的藏书渐渐恢复往日的样子。这仅仅是那一时期杭城战乱的一个微观视角。

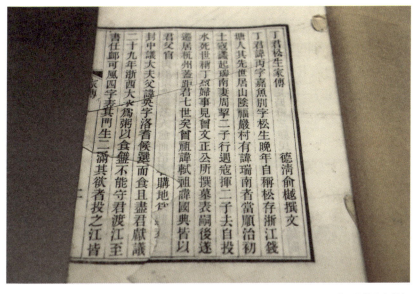

◎ 《丁君松生家传》

孟子说："穷则独善其身，达则兼济天下。"性格平和冲淡的读书人，在国家危难存亡之际，总是以国之运为己之命的。我们的先哲曾号召天下有志之士"先天下之忧而忧，后天下之乐而乐"，其实世世代代不乏这样心怀天下的读书人，丁丙如此，阮元一样如此。

更何况，丁丙的家族渊源其实是富绅。丁丙的祖上是杭州著名的锡箔商人、大典当商和丝绸商，做的都是实业生意。后来在杭州头发巷丁家故宅外面扩建了藏书楼，用于贮蓄平日里节衣缩食而得来的书籍。时任浙江巡抚的谭钟麟曾为这栋藏书楼手写匾额，题之曰"嘉惠堂"。丁丙与兄长丁申当时已渐渐收集了《四库全书》近3500种，这一令人敬佩的举动传到了光绪帝的耳中，光绪帝十分感动，于是赐以"嘉惠"为堂名。原本丁氏家族资产丰厚，在杭州的拱宸桥与吴兴县富绅共同筹集资金40万两，用来筹建通益公纱厂，也就是杭州第一棉纺织厂的前身，但直到丁丙去世时，家产已几近殆尽。

"八千卷楼"是晚清藏书楼的缩影，为了搜寻杭州城的这一我未曾听闻的藏书楼，我找到浙江省博物馆的白桦先生撰写的一篇《杭州晚清藏书楼八千卷楼寻踪》，里面写道，丁丙曾听说阮元在江苏镇江建了一所"焦山书藏"，还有四个书柜空着，就拿出家里常年珍藏的451种书赠予他，这是一处；还有一处令人感动的，是他病逝前39天，身体衰弱以至于无法起身，却仍然在新得到的书目上题写纪要。据白桦先生的文字，如今的"八千卷楼"在哪里呢？

2022年是丁丙诞辰190周年，在盛夏至初秋的时候，杭州博物馆翰墨丹青展厅里有一场"丁丙与十九世纪的杭州"人物历史展览。展览用"钱塘江上人""兴复旧湖山""遗泽满杭城"三个部分重现近代化历程中的人物丁丙。丁丙为杭州所做的不仅是补抄《四库全书》和辑刊古籍，他还兴办实业，创办了中国近代史上规模最大的慈善组织——杭州善举联合体。在准备展览前夕，博物馆工作人员修复了一些丁丙与当时清末文人的往来信札，这些文人中就包括篆刻大家吴昌硕。

太平军是何时侵袭杭州城的？《杭州市志》里记载的时间是咸丰十年（1860）的二月底三月初。太平军李秀成的队伍袭占杭州，后被清军击退至南京，三月回转陆续攻占淳安、遂昌，六月，英王陈玉成先后占领於潜、临安、余杭，随后逼入杭州的卖鱼桥一带；

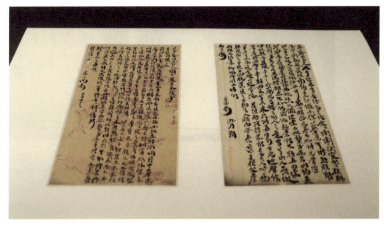

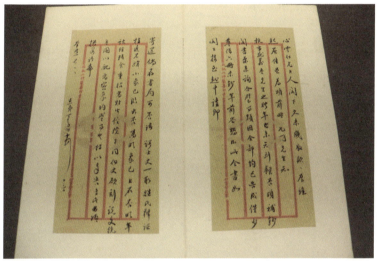

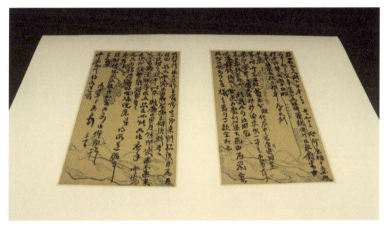

◎ 展品掠影

九月进军桐庐，又占领富阳等地，可以说，那些年的杭州时时刻刻都被战火包围。

在那段动荡的岁月里，读书人失去了安定精神的家园。太平军摧毁了浙江50多所书院，杭州城内的敷文书院、崇文书院、紫阳书院和诂经精舍无一幸免，尤其是诂经精舍，昔日高朋满座的第一楼此时却是荒木丛生，令人心痛，里面珍藏的经史典籍"与屋俱烬"。

世事浮云，人生若寄，若那一刻阮公还在，他会做怎样的感想呢？

第三章丶门墙内外·几度春繁

再一次重建：俞樾的敲门

同治三年（1864），曾国藩镇压了太平天国起义军。社会环境开始慢慢好转起来，朝廷因此颁下谕令，要求各省招垦荒田，恢复产业经济，以保证社会秩序的稳定。

社会的繁荣发展离不开人才的贡献，科举对人才的选拔亦离不开书院的培养，于是各地政府着力推进书院的修复。有一道谕令是这样的："近来军务省分各府州县，竟将书院公项藉端挪移，以致肄业无人，月课废弛。嗣后由各督抚严饬各属，于事平之后，将书院膏火一项，凡从前置有公顷田亩者，作速清理，其有原存经费无存者，亦当设法办理，使士子等聚处观摩，庶举业不致久废，而人心可以底定。"

此令的大致意思是，书院是一定要立即运行的，但至于经费是否充足，各地需要自己想办法来解决。国库确实也不够全国那么多书院来用，只好如此。因为哪怕是战争以前，书院的经费也多是靠当地官员四处筹措或盐商等的赞助，甚至还有自掏腰包来为学生发膏火的。战争以后书院的恢复难度可以想象。

好在杭州是浙江的学术中心，更是江南一带文人学者最为集中的地方，浙江的地方官非常重视杭州各类书院的重建。同治五年（1866），时任浙江布政使并受命护理浙江巡抚的蒋益澧从地方经费中开支出重要款项，用于诂经精舍的重建，还请来了精舍原来的肄业生丁丙负责监工，前前后后忙碌了五个月，精舍终于落成。

蒋益澧是诂经精舍重建时非常特别的角色，还有一位就是浙江巡抚马新贻。如果说蒋公是推波助澜，引线搭桥，那么马巡抚便是精舍得以复兴的最后一把助推器，而他们两人在杭州教育史上做得最正确的一件事是齐心合力聘到了经学大师俞樾任诂经精舍"终身山长"。

山长是一所书院最关键的人物，就像当代一流的学校必须有一位与学校名声和地位相匹配的学术名流，山长的定位几乎决定了一所书院是否能在全国有影响力。

为什么选中了俞樾呢？

俞樾（1821—1907），字荫甫，自号曲园居士，湖州德清人。如果你来西湖游玩，可以在西湖的孤山南麓很容易看到一幢古朴风雅的小红楼——俞曲园纪念馆，也有人称它为俞楼，此馆便是原来诂经精舍的第一楼。将第一楼改为俞先生的私人纪念馆，足以证明他为精舍所做的贡献之大。

当蒋益澧忙着修复诂经精舍的时候，俞樾正为他的心血之作《群经平议》的刊刻出版而焦灼。《群经平议》是俞樾最重视的著作之一，在他仕途不顺的时候，他就一个人独自关起门来撰写这本书。那时正值俞樾被革职罢官，没有收入的情况下，只好带着全家转移到消费水平还比较低的天津过日子。天津物价不高，但对于没有工作的俞樾来说，仍然面临着"旧日空囊已索然，斋厨危欲断朝烟"（《曲园自述诗》）的窘迫局面。日子过得紧巴巴，又加上无事可做，于是他就决定不如潜心治学著述。《群经平议》就是在这段时间里完成的，完成以后俞樾也没有让自己闲下来，继续撰写另一本书——《诸子平议》。

这里有一个插曲：曾国藩曾有两位得意门生，李鸿章是其一，另一位就是俞樾。

原来他们两人同是道光甲辰恩科举人，均出曾国藩的门下，这样来说，两人便是同学。李鸿章（1823—1901）曾受业曾国藩门下，学习经世之学，任过翰林院编修，与俞樾都是士子书生。但李鸿章有带兵打仗的经验，曾国藩镇压太平军的时候，他曾作为老师的左右手，得到曾国藩的赏识和重用。同治四年（1865），朝廷任命李鸿章为两江总督，主要长居南京。

听闻老同学已经是两江总督，俞樾忽然想到："是不是能请李鸿章帮忙找个差事做做？虽然交情不深，但毕竟都师出同门，念在这层关系上，我想他一定不会拒绝的。"于是他便给李鸿章写了一封信："……近期我在天津为着《天津府志》忙碌，但苦于没有什么经费支持，每天有种碌碌无为的感觉。南京是名胜之地，我想到阁下在这里主持大局，不知是否有一席之地可以帮我解决生活之苦呢？"

信里，俞樾对自己的窘状直言不讳，对于一介书生来说，要向人谋事实在也是太过为难。令人激动的事顷刻便至！李鸿章收到信后，完全没有摆架子，而是立刻周转托人打听是否有一些适合俞樾的工作。果然，苏州紫阳书院正好缺一名教员，于是他把这事写在了回信中。

但到这里，故事还没有真正开始。俞樾来到苏州，正是苏州最美的秋天，梧桐树在日光中影姿斑驳，小桥流水，细声碎语，紫阳书院在战后又有了书香飘飘的样子。

书院里给学生教课，又能做些自己的事，也有稳定的收入，俞樾没有感到不高兴。只不过有一件事令他泛起丝丝愁容，是什么呢？

他的《群经平议》至今还未面世，如果自己写的书不能被人们阅读，那么著述又有什么意义呢？这段时间，他茶饭不思，为的就是能找到帮忙刊刻出版的人。"出版这书，不好意思再找同学李鸿章帮忙了，最好是能遇到赏识这书的人，而且还能出资赞助；如果是这样，巡抚大人应该是不二之选。"俞樾一边想，一边谋划着南下去一趟浙江，去找浙江巡抚蒋益澧。

这一拜访，火花便就此擦燃。蒋益澧是湖南人，战功赫赫，曾协助左宗棠打下一片江山，武将出身的蒋巡抚十分欣赏俞樾，很爽快地答应了出钱帮忙刊刻。《群经平议》的序言里，俞樾就这样提到过当时的情景："蒋芗泉抚部时为吾浙方伯，雄才英略，独冠当代。既已夷险发荒，胥两浙之民而衽席之，又将兴起人文，作养士类，以副朝廷求治之意。知余有此书，力以刊刻自任。"意思是，浙江巡抚蒋公有担当有情怀，既为浙江人民的口粮奋斗，又不忘人文思想的推进发展，于是大力扶持自己的书，是对读书人的最好支持。俞樾说得一点都没错，这样的好官是值得称颂的。

心里一块大石头终于落地，俞樾也恢复到平静的教学中。

不过在与蒋益澧的交往中，他也谈到了关于苏州紫阳书院教课的一些不愉快的事。何来不愉快呢？

原来，"紫阳书院"这块牌子最早是朱熹亲自指定的，遍布全国各地，清代仅有记载的紫阳书院就有好多，杭州同样也有紫阳书院。书院的名字如此统一，那么他们的教育理念也不会不同，都是以朱熹为代表的宋明理学为宗旨，而这一宗旨，其实到了晚清时期渐渐变得失去本真，只重空谈说理，而没有经世致用。这在阮元办诂经精舍的时候，其实也是这个样子，所以阮元坚决不走紫阳之路。

俞樾与阮元治学理念颇为一致。他在写给李鸿章的信里就谈到当时教育科举的弊端："我曾经做秀才的时候，有时谈及时事现状，有时也谈心学，但最根本的还是以经学史实为治学的主要方向，现在社会要人才辈出，不能光考他们狭隘的八股试题，而应多教导十三经、二十四史之类的经典书籍。……"俞樾越谈越气，实在也是对紫阳书院应付科举考试这样的情况感到不满。

苏州紫阳书院有规定的操作，老师讲课也不好随自己喜好，学生也为科举而来，自然也学不进经史学术，长此以往，书院就显得很功利。在俞樾心里，书院不该是这样的，至少应该为国家培养真正的人才，吸收真正的学问，教育真正的人情世事。

不愉快就是这样引起的。同治四年（1865）的冬天，大雪纷纷扬扬落满整个苏州城，紫阳书院在一片静谧中显得更加寂寥。这份寂寥，来自屋内灯火下俞樾的愁闷。

他按捺不住内心的苦闷，便提笔写下一封《上曾涤生揆帅》，寄给恩师曾国藩。信里把自己到南京请李鸿章帮忙谋职的事都说了，表示希望能见到恩师，再次接受先生的教导。岂料恩师很快回信了，俞樾瞬间泪目，想到恩师信里还记挂着自己，非常感动。第二年的暮春，师徒见了面。两人多年不见，曾经念书时的场景历历在目，他们秉烛夜谈，谈人生理想，谈治学方法。曾国藩是经学大儒，十分佩服做学术的士人，尤其是顾炎武、段玉裁、钱大昕这些前辈，俞樾未尝不是。

曾国藩对俞樾说："你读了那么多年的书，做了那么多年的学问，仍然不要断掉，高邮王氏的经籍注疏之法你也多学一学，对自己将来有帮助。虽然日常教课忙碌，但也不能忘了做学术，这也是你喜欢的事情。"

"恩师，我一定不负嘱托。"俞樾望着老师的眼睛，坚定地点了点头，他忽然意识到自己在这个世界上并不孤独，因为有老师能够懂得自己，也支持自己，还能有什么比这更幸运、更令人慰藉的呢。随后，俞樾把带在身边的《群经平议》，恭恭敬敬地送到曾国藩的手中，请老师指点。

那天折返途中，俞樾想了很多，也把老师的话深深扎根在自己心中。

同治六年（1867），俞樾办完事后前往杭州，拜访当时的浙江巡抚马新贻。在这之前，马新贻从学政蒋益澧口中得知苏州紫阳书院有一位精通经学的讲师，学术非常厉害，因此印象很好；他的《群经平议》马新贻也早已细细读过，甚为赞赏。此时诂经精舍已经运作起来了，只是缺少一位有声望的山长，他想，如果能请到俞樾担任山长，精舍定能延续阮元时期的繁盛。碰面以后，马新贻正式向俞樾抛出了橄榄枝……

如果没有此前那难以改变的"不愉快"的事，也许俞樾不会选择离开；另外还有一个理由加速了他的辞任，那就是俞樾在苏州紫阳书院主讲，收入每年只有400两银子，虽然看上去并不差，但他要养活一大家子人，还要操办四个儿女的婚事，几乎每年都是入不敷出，家庭经济仍然每况愈下，不见得有好转。这样一来，俞樾欣然答应马新贻的邀请。于同治六年底辞去苏州紫阳书院的教席，成为诂经精舍的山长。

关于马新贻聘请俞樾为山长一事，他在《诂经精舍三集序》里叙述了前因后果：

仪征阮文达公抚浙时，创精舍于西湖，命曰"诂经"。杭州旧有敷文、崇文、紫阳三书院，专习举子业，而此独为诸生讲经之所，聘明经之士以为之师，课士首重经解，兼及策论诗赋杂文，盖视三书院为益浚其源，而其流亦曼衍浩博矣。使承学之士，因是以窥圣人立言之旨，而其文字亦有以渐几于古之作者，不徒囿于时文俗学，意甚盛也。文达以宿儒大师，当乾嘉之际，出入将相，独以通经为天下倡，一时孳孳于文字训诂之异同，与夫沈博绝丽之文章者，家许、郑而人枚、马，流风遗韵，至今犹存。盖国家权盛之时，士皆争自濯磨以奋于学，而上之人亦诚有以倡之，以免于空疏剑鄙之讥，其事甚可慕也。咸丰之末，粤寇既陷浙江，书院精舍皆毁于火。及新贻奉命抚浙，则诸书院以次修复，渐渐延师向学矣，而前云南学使颜雪庐太史，主讲诂经精舍，浙东西人文渊薮，虽遭兵火，而讲院既兴，学者弥盛，阅时既久，作者如林。太史复为择其雅者，镂板以传，盖所以作兴实学，犹文达意也。夫文字训诂之学，汉儒最为近古，然其所解者，圣人之经也。圣人之所以立言垂世，其意在于明道，其事在于日用行习之切近，与夫出处取舍之大节，而其极，可以施于天下国家，此经之所以可贵也。若夫文章之妙，固无逾于《六经》，而如屈原、贾谊、司马迁、扬雄，以至唐之杜、韩，宋之欧、曾，皆所谓沉博绝丽之文矣，然其载古今之得失，明千载之是非者，亦不徒为空言而无用也。浙江文物之邦，士何患不通经，何患不能文，而自予思之，则所以承文达之遗意，补文达之未备，盖又有本存焉。此则愚管之见，所亟与诸人士商榷而共勉之也。课艺刻既成后，将分年续刊，监院谭君廷献请序于予，因为言予之所见，以为之序。

同治六年岁在丁卯夏五月，抚浙使者菏泽马新贻序。

他说，咸丰年间，浙江的书院全都毁于一旦，自己来此任职，最要紧的就是向过去的先贤学习，以不忘阮元在西湖创精舍的宗旨，于是他到处请知名的学者来精舍讲学，以兴经世之学。马新贻对于诂经精舍文集的出版也很记挂，他表示，浙江人杰地灵，不必担心没有人治经做学问，为了传承阮元的遗愿，补充昔日精舍已出版文集中所没有的内容，将来等课艺齐备之后继续刊刻出版，于是先把序言写好，以备将来之用。

马新贻任职浙江巡抚不过两三年时间，浙江刚刚收复，百姓衣食温饱都需要解决，还要处理沿海地区猖獗一时的海盗，能够拿出如此多的精力在读书人身上，甚至还拿出一笔钱用于奖励书院的学生，真是百姓的好官。这篇序言字字恳切，言语之间展现着一位通达事理、深得民心的父母官的风格。曾国藩曾经评价他说，"马新贻办事和平精细"。诂经精舍的崛起，离不开这位巡抚。

同治七年（1868）二月二日，48 岁的俞樾在杭州诂经精舍正式开始上课。

主持精舍的那些年，俞樾常常要往返于苏州和杭州之间。每到春秋天气晴爽舒畅的日子，他就到西湖孤山的精舍里住上一两个月，与学生们讲课校经，办些其他的公务杂事。肄业的弟子们也都十分了解老师的习惯，一听说这阵子老师在杭州了，便三五邀约一同到精舍茶饮小聚，颇有风范。

聚会久了，弟子们便有了一个想法：为何不在精舍旁建一栋属于先生的楼阁呢？

弟子徐琪第一个附议，坚持要为老师修筑俞楼。其实阮元时期也有第一楼，就在精舍的西面，同样用于住宿休息，原本弟子几个打算就将第一楼重命名为"俞楼"，可这一想法立即遭到了俞樾的阻止，俞樾说："第一楼是阮公留下的，我不过是精舍的过客，怎能将此楼占为己有呢。"弟子们虽然不情不愿，但老师说得确实没错，他们深谙先生的谦逊，可不能让先生不高兴。既然先生不愿改挂牌匾，不如修建一栋新楼。

徐琪后来在《俞楼记》里说，先生在湖畔主讲授课，却没有游赏休息之地，先生年纪越来越大，往返两地更是辛劳，我们做弟子的理应为老师打理好这些。于是就将新楼地址选在六一泉旁，有山石映伴，也有西湖枕水，老师在这里休憩最好不过了。

弟子们众筹出资，于光绪四年（1878）十二月建成了俞楼。直到光绪三十三年（1907）俞樾辞世，俞楼因无人打理而渐渐衰败。如今我们去孤山看到的俞楼，已是后来拆了又建，不断修缮的样子了。

光绪十二年（1886）十月，第一楼发生火灾，楼阁一并烧成了灰烬。第二年，这里被改建成许郑祠，还增加了一所古堂，用于讲习。

◎　黄昏的西湖

光绪的诏令：精舍改制

悠悠时局使人愁，光绪二十四年（1898）的冬天分外清冷，俞樾辞去诂经精舍山长之职，精舍在变化的时代浪潮中，也变得步履维艰。甲午战争后，中国人的思想开始发生翻天覆地的变化，思想的反思首先从改变传统的封建教育开始，于是书院改制成了一件必然的事。

有人说，不如将书院改成相对先进一些的学堂，不再教那些儒家典籍，而是以培养经济旷世之才为先；有人说，不如直接设立新式书院，课程改为中西实学，更加彻底一些；还有人说……举国上下，一时之间，都在讨论如何进行书院改革。

诂经精舍从阮元创立开始，每一任山长、每一位教员都始终做到不忘初心，秉承许慎、郑玄两位先哲的治经之学。治经，便要能够保持两耳不闻窗外事的专注，要能够经得起风花雪月寂寞的敲打，静心，比任何事都更为重要。

然而时代风云变幻，围墙内的读书人怎能接受说变就变的事实，当他们梦醒的时候，忽然发现外面的世界人们不再谈论儒家十三经，不再过问《尔雅》如何释诂、《仪礼》"诸公考"如何进行，不再关心诗词格律怎样雕琢一个人的审美内心，而是学校要求改制成外国人学习的样子，课文改制成西方的教育内容，他们的世界观遭到了颠覆。

光绪二十三年（1897），俞樾在精舍讲课整整 30 年，送走了一批又一批的学生，可时至如今，他的内心无限悲凉。越来越少的学生愿意到精舍来求学，而是选择去西式的学堂读书，读的也是中西合璧的科学知识。

七月，据光绪《杭州府志》记载，浙江巡抚廖寿丰接到朝廷的谕令，要求把浙江省内的旧式书院改制，重点是敷文书院、崇文书院、紫阳书院、诂经精舍、宁海书院、东城书院这六所，同时新设立专门讲授学习中西实学的求是书院。

其实这年，俞樾接到这一指令，就递交了辞呈。原因是，朝廷在谕令里除了提到六所书院需改制外，关于书院经费的来源也有交代，所有的书院经费，如教习、翻译、监院、司事人等薪酬工资，除了将东城书院每年的膏火费一千余两全额拨款用外，其他书院都裁减，包括奖赏这些也都减至极少。

也就是说，朝廷渐渐不再从经济上支持公办书院的发展。俞樾心里当然十分清楚，无奈写下一首《自述诗》："高据西湖第一楼，居然三十一春秋。明年勇撤谈经席，坐看滔滔逝水流。"伤感愤悱之情溢于言表。

但因此时的廖寿丰竭力挽留，俞樾才答应再留任一年，他心想也许缓一缓光绪帝会改变主意。到了第二年，他实在无能为力，不愿再留下去。因为俞樾清醒地意识到，旧式书院改制成新式学堂是大势所趋，即便自己留在精舍，也不可能再做经世之学。

直到光绪二十四年（1898），光绪帝再一次发布诏令：

即将各省府厅县现有之大小书院，一律改为兼习中学西学之学校。至于学校阶级，自应以省会之大书院为高等学，郡城之书院为中等学，州县之书院为小学，皆颁给京师大学堂章程，令其仿照办理。其地方自行捐办之义学社学等，亦令一律中西兼习，以广造就。

此令一出，不改是不可能的了，于是杭州城的大大小小的书院迅速改为学堂。紫阳书院和崇文书院在光绪二十八年（1902）先后改成了仁和县学堂和钱塘县学堂，均为小学堂。诂经精舍参与光绪二十九年（1903）浙江最后一科乡试后，延至光绪三十年（1904）正式画上了一个句号。光绪三十年，杭州城的最后一所书院诂经精舍正式解散。光绪三十一年（1905），科举制度被下诏废止，传统的教育也按下了暂停键。

在清代那么多的书院中，鼓励学生自主自学、独立研究的其实非常少，绝大多数书院到了最后，就成了形同虚设的腐败之地；而诂经精舍偏偏是恶劣环境中特立独行的存在，始终坚持"以转移末流之失，于以崇实学，育英才，厘而工之，将以驱而一之"，是真正做学问的地方。

近代人张鋆写有《诂经精舍志初稿》，最初发表于 1936 年《文澜学报》第二卷第一期。文中概览了诂经精舍在国内教育界的重要地位，他说："大抵有清中叶以降之两浙学者，固不必皆出诂经，而曾习业精舍者，要多能卓然有以自见，则昭昭然也。抑精舍出身诸君，类能本其所学，推宏教泽，如黄以周之于四明辨志文会、江阴南菁书院，王棻之于黄岩九峰书院，马传煦、沈祖懋之于敷文书院，胡敬父子（瑶琨敬其子）、戴熙之于崇文书院，朱一新之于粤省广雅书院，皆能汲引后进，牖启正学。而各地之踵设书院者，自广州学海堂同创于阮文达外，若上海之诂经精舍、龙门书院，江阴之南菁书院，武昌之经心书院，长沙之校经堂，成都之尊经书院等，无不唯诂经之成规是仿。斯尤可见精舍不但影响于浙省者至大，抑且泽溉全国，堪谓为我国教育史上极光荣之一页矣。"[1]

"此情可待成追忆，只是当时已惘然。"虽然我不是历史的见证者，但是读着他们的故事，可以想象文人士子内心遗憾的不是别

---

1 张鋆：《诂经精舍志初稿》，《文澜学报》，1936 年第 1 期。

诂经精舍

◎ 三潭印月

的，而是情怀。

人都有情怀，只是有时不为自己所知，不易被自己捕捉罢了；若是没有办法改变身外之物，或许只能以另外的方式将这情怀绵延在内心，在独立的精神世界之中，使它完整地存在。

诂经精舍本就是特别的，特别的主题，特别的人物，还有特别的一百年时光。想起阮元曾经那样执着地要做治经之学的书院模样，我仍然感到一种难得的知足；知足是因为历史上有那么多人前赴后继，愿意不辞辛苦地去实现自己的理想，这本身又就是最难的事。

第四章
湖畔闻雪 · 精英教育

考课制度下的官课与师课

诘经精舍从阮元创立开始，就提出了与其他书院很不同的办学宗旨，即注重培养钻研经史之学、弘扬汉学的人才，而非仅为考取科举功名，因而精舍的考课制度比较特别。

主讲孙星衍曾在《诘经精舍题名碑记》中讲道："其课士，月一番三人者，迭为命题。评文之主，问以十三经、三史疑义，旁及小学、天部、地里、算法、词章，各听搜讨书传条对，以观其识，不用扃试糊名之法。暇日聚徒讲议服物典章，辨难同异，以附古人教学藏修息游之旨。"[1] 课士，即课试，也就是考试。每月一次课试，出题者为三人，按当时来说，阮元与两位主讲王昶、孙星衍三人一起出题。命题范围涉及经学、史学、小学、天文、地理、算术、诗文辞赋等，重在考查学生的学识涵养和独立思考的能力，并且不采用"扃试糊名"闭卷考试的形式，而是开卷自由查阅资料，给予一定的时间来完成自己对题目的见解。这与杭州的敷文、崇文和紫阳三书院差异很大。

胡敬在《诘经精舍文续集序》里说："……暨抚浙，创建精舍，月一课以制艺。会城设有三讲舍，不更试，专试经解与碑版考证诸作，即试赋录取亦不多，择其尤付刊，题曰《诘经精舍文集》。"[2] 每月一次课试，专考经学和碑版等考证，诗文辞赋反而不多，择取

1　孙星衍：《诘经精舍题名碑记》，《孙渊如诗文集》，《平津馆文稿》卷下，《四部丛刊》本。
2　刘颖主编：《西湖文献集成续辑》第 14 册，杭州出版社，2016 年，第 292 页。

学生课艺中一些优秀文章刊刻成集。

按照张崟《诂经精舍志初稿》的说法，诂经精舍最初似乎是没有官课，而只有师课。到了道光十三年（1833），巡抚富呢扬阿才开始创设两课交叠的考课制度。所谓官课，是指地方官员对书院学生进行命题，从命题、阅卷到奖励，都由官府主持。巡抚、布政、按察使、盐运使、督粮道、学政等轮流主持，负责精舍的官课，而师课则由山长主持。在《诂经精舍文续集》中，就列有一张"课试之官"的名单表，共29人，如下：

诂经精舍课试之官　以课试先后为次，壬辰年至壬寅年。

富呢扬阿，字海帆，满洲厢红旗人，癸酉举人，今任陕甘总督，前任浙江巡抚。

陈銮，字芝楣，湖北江夏人，庚辰进士，江苏巡抚，署两江总督，前任浙江按察使，署布政使。

觉罗桂菖，字杏农，厢蓝旗人，戊辰举人，浙江督粮道，前任嘉湖道，署按察使、盐运使。

张岳崧，字翰山，广东定安人，己巳进士，湖北布政使，前任浙江盐运使。

钱宝琛，字伯瑜，江苏太仓人，己卯进士，江西巡抚，前任浙江布政使、督粮道。

程矞采，字晴峰，江西新建人，辛未进士，今任江苏巡抚，前任浙江布政使。

宋其沅，字湘帆，山西汾阳人，己未进士，浙江布政使、护理巡抚，前任盐运使。

陈用光，字硕士，江西新城人，辛酉进士，礼部左侍郎，前任浙江学政。

刘韵珂，字玉坡，山东汶上人，癸酉拔贡，今任浙江巡抚，前任按察使、署布政使。

史评，字蓣塘，山东乐陵人，戊辰进士，礼部左侍郎，前任浙江学政。

乌尔恭额，字敬斋，满洲厢黄旗人，癸酉翻译举人，浙江巡抚。

王维诚，字孚远，山东海丰人，戊辰举人，太仆寺卿，前任浙江温处道、署按察使。

金洙，字文波，山东历城人，己巳进士，浙江督粮道，前署盐运使。

窦欲峻，字松溪，云南罗平人，己酉拔贡，浙江杭嘉湖道，前任督粮道。

王铸，字铜士，安徽全椒人，丁丑进士，浙江盐运使。

卓秉恬，字海帆，四川华阳人，壬戌进士，今任协办大学士，前任浙江学政。

宋国经，字尧农，山东益都人，甲戌进士，今任浙江杭嘉湖道，前署按察使、盐运使。

陈大溶，字春舫，江苏娄县人，附贡生，前署浙江督粮道。

熊常镈，字笙谷，江西铅山人，己巳进士，广东布政使，前任浙江按察使、署布政使。

德兴，字琢庵，满洲厢白旗人，浙江金衢严道、署盐运使。

周开麒，字石生，江苏江宁人，癸未进士，前任浙江按察使、署布政使。

张晋熙，字筠邨，云南昆明人，癸未进士，河南布政使，前任浙江盐运使。

赵光祖，字述园，直隶卢龙人，甲戌进士，今任浙江督粮道。

季芝昌，字仙九，江苏江阴人，壬辰进士，内阁学士兼礼部侍郎，前任浙江学政。

罗文俊，字萝邨，广东南海人，壬午进士，今任翰林院侍读学士、浙江学政。

常恒昌，字芸阁，山西凤台人，甲戌进士，前任浙江布政使。

蒋文庆，字蔚亭，汉军正白旗人，甲戌进士，今任浙江按察使，前署布政使。

布彦博勒格，字范堂，蒙古正蓝旗人，丁丑翻译进士，今任浙江金衢严道代办按察使事。

常大淳，字南陔，湖南衡阳人，癸未进士，今任浙江盐运使。[1]

诂经精舍最初每月一次的考课只有师课，在加入官课以后，考课制度发生了变化。每月有朔望两次考课，朔课即为官课，每月的月初举行，望课则为师课，每月的十五日前后举行。

1 刘颖主编：《西湖文献集成续辑》第14册，杭州出版社，2016年，第293页。

朔课与望课

那么，官课、师课内容差异是否很大呢？也不尽然。以《诂经精舍三集》中"戊辰年官师课题"列表来看，词章和考据秋色平分：

戊辰年官师课题（节选）
中丞马　二月甄别

上丁释菜解，选刻一篇；

丙吉问牛赋，以少阳用事未可太热为韵，选刻一篇；

纸鸢，得天字选刻二首；

十字碑，五律；

五明扇，五律。

山长俞　二月望课

乡射礼乏参侯道居侯党之一西五步解，选刻一篇；

冕服十二章两汉经师说与郑义异同考；

东房西室说，选刻一篇；

《春秋》天子之事论，拟作一篇；

晴湖不如雨湖赋，以淡妆浓抹总相宜为韵，选刻三篇；

赋得如春登台，得如字五言八韵；

校书六咏；

脱简，选刻二首；

错简，选刻二首；

坏字，选刻二首；

误字，选刻一首；

重文，选刻二首；

衍文，选刻一首；

购补文澜阁遗书议，选刻一首；

孤山新建林公祠碑，选刻二篇。

方伯杨　三月朔课

亥有二首六身解；

良玉比君子赋，以比德于玉纯粹以精为韵，选刻一篇；

赋得百花香里看春耕，得耕字五言八韵；

踏青，不拘体韵，选刻二首。

山长俞　三月望课

《论语》仍旧贯鲁读仍为仁解，拟作一篇，选刻一篇；

郑康成以九一、什一说周人彻法解，选刻一篇；

窗牖考，选刻二篇；

襟裾考，选刻二篇；

司马温公隶书《家人卦》赋，以涑水崖碑半绿苔为韵，选刻三篇；

赋得几时能具钓鱼船，得时字五言八韵；

雉尾莼，七律选刻一首；

猫头笋，七律选刻一首；

拟闻子将西湖打船启，选刻一首；

募栽西湖桃柳引，选刻二篇。

廉访何　四月朔课

王瓜生解，选刻一篇；

泥金帖赋，以一日看遍长安花为韵，选刻二篇；

蚕豆，得蚕字七言十二韵选刻一首；

放鹤亭，五律选刻一首；

冷泉亭，五律选刻一首；

西湖饯春词，调寄湘月，选刻一首。

山长俞　四月望课

如其仁如其仁解，拟作一篇；

《诗》有六情五际说，选刻一篇；

伏生书有无大誓考；

董仲舒以《论语》说《春秋》考，选刻一篇；

河内女子坏老屋得《大誓》三篇赋，以在汉宣帝本始元年为韵，选二篇；

赋得风吹柳花满店香，得花字五言八韵；

湖上两浮图歌；

雷峰如老衲，选刻一首；

宝石如美人，选刻一首；

汉大司农高密郑公像赞，选刻一篇；

重建诂经精舍记。

都转冯　闰四月朔课

孔子生日考，拟作一篇；

五服五章解，选刻一篇；

安定先生为湖州教授赋，以严条约以身先之为韵，选刻二篇；

拟张茂先励志诗。

山长俞　闰四月望课

纳于大麓解，拟作一篇，选刻一篇；

墼防门而守之广里解，选刻一篇；

毛传训龙为和解，选刻一篇；

说覈，拟作一篇；

桐叶知闰赋，以桐叶可以知闰月为韵，选刻二篇；

赋得钱唐山水接苏台，得台字五言八韵；

石首鱼，不限体韵，选刻二首；

汉赋，七律；

唐诗，七律；

宋词，七律；

元曲，七律。

中丞李　五月朔课

《十三经注疏》优劣考，选刻一首；

两汉经师家法考；

五经无双赋，以五经无双许叔重为韵，选刻一篇；

汉寿亭侯玉印歌，选刻一首；

表忠观访碑，七律选刻一首；

叉鱼词；

湖堤补柳记；

收购遗书启。

山长俞　五月望课

舜典考；

五岳考，选刻一篇；

主司城贞子为陈侯周臣解；

释新旧；

释难易；

孑孒为蚊赋，以亦名蛞蠹老化为蚊为韵，选刻一篇；

赋得但能心静自生凉，得心字五言八韵；

珠兰，不拘体韵，选刻二首；

湖居三议；

建湖楼，选刻一篇；

造湖船，选刻一篇；

制山轿，选刻一篇。[1]

从戊辰年这份考课表来看，官课、师课中的文学教学和学术研究的分量几乎均等。从阮元到俞樾，诂经精舍的办学宗旨始终不变。

每年的正月、六月和十二月这三个月是暂停课试的，类似于现代学校的寒暑假。若有临时变故，那么两月的课试可以合并起来考。主试者出题，自己也要写一篇程作，为诸生做示范。

1 刘颖主编：《西湖文献集成续辑》第15册，杭州出版社，2016年，第4—6页。

经费从哪里来

古代书院与现代学校很大的不同，大概就是经费的方面。

国内的现代学校或义务教育或私立民办，却没有以供养学生为制度的传统；而古代书院的一种经费特色是授餐制，顾名思义，是给以饮食住宿，令其发奋治学，于是让人不免想起"两耳不闻窗外事"的典故。

这实在让现代人觉得很好奇，不仅读书可以免费，食宿也可以免费，而且每月还有经济上的补贴。历史上还真有留在书院里一辈子直到七八十岁还在读书的学生。不过这是因为古代书院教育体制是为科举而设的，因而书院多为官府公办。

为学生提供食宿需要经费支撑，除此以外，山长收入、书籍购置等等都需要经费，没有充裕的经费，书院就很难维持，教育质量也就难以保证了。诂经精舍自阮元离浙后便解散不能继续，就是因为没有了经费来源。于是历史证明，每个书院久而久之必然会形成一整套运作有序的经费管理制度，有的书院甚至在一定意义上成为有影响力和经济基础的社会组织，有的省会书院还拥有大量田产、地产。

清代书院政策整体比较宽松，吸取明末利用书院反清的经验，康乾时期对书院格外重视。据邓洪波先生统计，康熙年间，新创建的书院有 537 所，兴复 248 所，两者合计 785 所。而到乾隆年间，新建的书院数量已达 1139 所，修复的旧书院 159 所，合计达到 1298 所。清政府对于书院的政策更加明确，认定书院的教育体系以官办为准，乾隆元年（1736）上谕称：

> 书院之制，所以导进人材，广学校所不及。我世宗宪皇帝命设之省会，发帑金以资膏火，恩意至渥也。古者乡学之秀，始升于国，然其时诸侯之国皆有学。今府、州、县学并建，而无递升之法，国子监虽设于京师，而道里辽远，四方之士不能胥会，则书院即古侯国之学也……[1]

这则谕令规范了书院的性质及办学要求等内容，尤其提及书院的目的是"导进人材"，并提及省会书院的经费统一由清政府发放。

其实在三年前，也就是雍正十一年（1733），已经发布过关于省会书院运作的上谕，谕令里称："督抚驻扎之所，为省会之地，着该督抚商酌奉行，各赐帑金一千两。将来士子群聚读书，须预为筹画，资以膏火，以垂永久。其不足者，在于存公银内支用。"[2]浙江的省会书院是杭州的敷文书院，因而敷文书院可以每年获得皇帝恩赐的帑金一千两白银。诂经精舍则没有这项优待，于是也就有了阮元拿出自己俸禄及寻求官吏捐俸以资精舍之运作的做法了。

清代书院经费主要来源于官府拨给、外界捐赠和书院自营。

官府拨给通常有两种形式，一种是皇帝恩赐，另一种则是政府拨置。皇帝恩赐就是直接拨款，有时还会为书院御赐匾额，比如安徽徽州府的紫阳书院，康熙帝曾经御赐过"学达性天"的匾额，乾隆帝也赐予其"道脉薪传"御匾，这自然是十分光耀的事。光绪十六年（1890），《申报》记载："前任浙江巡抚刘中丞筹款

1　陈谷嘉、邓洪波主编：《中国书院史资料》中册，浙江教育出版社，1998年，第857页。
2　《清世宗实录》卷一百二十七"雍正十一年正月壬辰"，中华书局，1985年，第665—666页。

六万千存典生息，以备孝廉堂、诂经精舍及敷文、崇文、紫阳各书院额外加奖。"[1]

若是政府拨置，并非完全拨置钱款，有时也拨置一些固定资产如田产。购置农田可以收租生息，这一部分的钱便可以充作膏火之用。田产的来源其实非常广泛，有公田，有寺院田产，还有儒学、社学、义学的田产。如江西武宁将充公田租金拨予正谊书院：

> 杜雷氏充公四十六都石枧土名黄杉源田十六亩二分，四十八号，原额租十二石六斗，归豫章书院解款。道光十年经绅士踏明加额，除原额仍归旧章办理外，加额租十石禀请拨入正谊书院，佃户凌昌荣，折钱十千文。[2]

若是书院自营，主要指的是书院将官府拨款和外界捐赠所获得的这部分经费，除了部分用于书院建设及日常开支之外，将一些结余的钱用于发典生息，类似于我们现在的利息。

若是外界捐赠，则多是地方的官员或者士绅以个人的名义进行捐赠，为的是书院的建设和发展。阮元创立杭州诂经精舍，其弟子黄体芳创立江阴南菁书院，都是主要凭借自己和地方官员的捐赠。

光绪《杭州府志》卷十六《学校三》："（诂经精舍）捐俸为膏火。"

关于诂经精舍经费具体来源如何，旧时档案等史料已荡然无存，据近人张崟文字叙述，巡抚衙门、盐运使司、学政及精舍本院几经变故，所有的纸质资料都无从查找，他曾经搜罗各种年史档案，如《杭州府志》《浙江通志稿》均无所获，因而所能了解到的十分有限。

---

1 《杭州杂志》，《申报》1890 年 6 月 27 日。
2 何庆朝：同治《武宁县志》卷十七。

盐商的阔气

　　仅从邹志初记载的富呢扬阿选浙江省诸生肄业诂经精舍事诗序的一些资料中，得知诂经精舍的一些费用最初来源于盐商的资助。到了道光初年，巡抚富呢扬阿改革旧制，自己与诸大吏拿出一部分俸禄分给诂经精舍，不再向盐商拿钱。而至于究竟多少费用，都无法考证，也没有记载。

　　有人要问，为何要向盐商拿钱呢？此话长远。

　　盐是生活的必需品，因此长久以来，盐业在我国古代产业经济中占有极为重要的地位，盐业的收入对整个社会的经济、文化和生活都有着深远的影响。盐业的收入多少、如何收入牵扯到许多方面的利益。

　　清政府主要通过征收盐课来获得利润，也就是常说的盐税。然而还有另一种方法，就是盐商的报效和捐输。报效，便是感谢朝廷的意思，清代的盐商报效有军需报效、水利报效、赈济报效和备皇室之需的备公报效等。[1] 捐输意义近似，有各种名目的捐输，如疏浚河道，修建一些园亭行宫或者寺院，还有就是修建书院。

　　盐商的报效和捐输在乾隆嘉庆时期十分盛行。因为战争不断，军需耗费巨大，仅靠财政收入远远不够，不得不向资本雄厚的盐商开口拿钱。何况盐商本就发展迅速且牟取暴利的情况比比皆是，劝

1　林建宇主编：《中国盐业经济》，四川人民出版社，2002 年，第 75 页。

盐商报效便作为补充军需等的特别手段。同时，盐商给予政府报效后，必然也会拿到相应的许多优待，诸如官位晋升等。如此一来，诂经精舍才能顺利创立。

清政府对盐务的管理是以地方为主，中央为辅，并没有独立的盐务系统。道光以后，各省的巡抚负责带管当地的盐政，虽然盐政对当地盐务是主负责人，但是遇到一些事情往往也会过问巡抚的意见。阮元任浙江巡抚期间，盐政由于十分仰仗阮元，因此遇事皆与阮元商议，浙江的盐务腐败等现象就得到比较及时的整顿。

清末两浙食盐的行销情况，除了供应本省之外，还销往江苏、安徽、江西三省的一部分地区，这些地区的买卖都有严格的法律规定，即这一府县只能贩卖和食用特定产区的食盐，没有太多市场化操作。因此各产区和销区的经济利益牵扯不断，矛盾也就很多，盐价贵贱也很难控制。而且清末的盐务经营除了一部分是由官府直接经营以外，大多是由家底殷实的盐商进行买卖，因而，盐商在当时很有分量。

嘉庆初年，阮元任浙江巡抚时，视察仁和、海宁、山阴、萧山等州县的盐业情况，就发现很多偷偷摸摸做私盐生意的商贩子，搭一些简陋的棚户，煎卤制盐，甚至出现偷盗行为，阮元便与两浙盐政延丰商定拟奏《南沙收盐章程》，规范当地食盐买卖。嘉庆四年（1799）至六年（1801）间，阮元与延丰一起上书，陈请重修《两浙盐法志》。

盐商在经营盐业中获利丰厚，积累了殷实的家产，渐渐地，他们开始关注子女的教育问题。盐商希望自己的后代们能够从儒，于是十分热衷于资助书院，他们希望通过这些在慈善方面的努力让子孙获得更好的教育而走上仕途。当时杭州的紫阳书院和崇文书院就是盐商出资兴建起来的。因此盐商的子女可以进入书院学习，解决了他们后人的教育问题。

《钦定重修两浙盐法志》里就记载了当时紫阳书院兴建的过程：
"紫阳别墅者，武林商籍士子会文之地，西湖既建崇文书院，前鹾
使高雄征以去城稍远，诸生往返为艰，遂买宅于凤山门内，割俸经
营，盐商等踊跃捐赀助成其事，以其地当紫阳山麓，适与新安之紫
阳同名，遂以别墅别之。"[1]崇文书院也是一样，它们都是得到了
盐商的资助，因而民间有一种说法，称这两所书院近同于专供盐商
子弟来读书的学校。事实虽然没有那么绝对，不过可以看出盐商出
力很多。

诂经精舍虽然没有盐商的全额出资赞助，但也是得到了盐商的
不少帮助的。

从丁丙编的《乐善录》中可得知，同治四年（1865）前后，精
舍在膏火、卷饭、束脩等方面，每年大约需要支出 2400 两，相较
于当时杭州城的敷文、崇文、紫阳三所书院来说，费用是最少的，
这三所书院合起来的费用每年可达到 10800 两。

如《敷文书院增设孝廉月课章程》记载，敷文书院在道光四年
（1824）以后，"除每年按考课、生童膏火、山长修金、杂项照
例支给，实放银四千三百余两，约存剩银五百余两。现在本年经费，
除收支外连旧管共存银三千三百两。应请即将此项经费存银内，提
出三千两，仰祈宪台饬给运司衙门，分给盐商具领。按月一分生息，
每年可得息银三百六十两，遇闰增银三十两，仍由运司按季移道"[2]。

敷文书院对于经费开支有非常细致的章程，如：

---

1 延丰等纂：《钦定重修两浙盐法志 图说》，浙江古籍出版社，
2012 年，第 120 页。

2 王国平主编：《西湖文献集成》第 20 册，杭州出版社，2004 年，
第 631 页。

院长两课共致送束脩银四十两，每课供膳银一两五钱。

每课午后饭食。与考举人五十六名，共十桌。每桌六钱，共六两。委员、监院一桌一两。柴米银二两，点食银二两，卷费银二两。

每课监院轿役等用银二两六钱。书院书办造册纸张、饭食银一两。茶水、煤炭银五钱。书院各役饭食银六钱。

遇会试之年，甄别改于七月举行。其二、三、四、五、六五个月经费，共计银四百两。于前一年十二月内查明，在院肄业举人已经由宪台衙门起文会试者，共若干人，按名匀给，作为路费，以示优恤。

……[1]

除了盐商的捐输，也常常有官员个人拿出一些俸禄来捐助精舍，以供膏火之用的情况。比如罗文俊视学浙江时，捐修诂经精舍，另外拿出一部分俸禄增设奖赏，还亲自给诸生讲课。光绪《杭州府志》记载，道光二十四年（1844），督学吴钟骏捐俸助膏火。

还有肄业生感恩精舍的教育而捐助的，徐琪就是其中一位。光绪二十年（1894），徐琪任广东学政期满后回到杭州，斥白银2000两，交给当时浙江巡抚廖寿丰，让他将银两发典生息，用于诂经精舍，以及补助精舍中学生膏火和院长的束脩。于是那段时期的望课增加五个名额，每人每月可得一两二钱，外课增加十个名额，每人每月得六钱。2000两白银，几乎就是皇帝恩赐给一所书院两年的帑金，俞樾大为感动，于是将这件事记录下来，一时传为佳话。

---

1 王国平主编：《西湖文献集成》第20册，杭州出版社，2004年，第430—431页。

膏火与束脩

正因为有多方的经济支持，才让书院有了日常运转的可能。

读书可以令人衣食无忧，倘若学问尚好，还可以拿到奖赏，这让一心走仕途的士子们欣然而往。膏火，是书院发放给学生的生活费；束脩，则是给山长的年俸。这两笔经费都由书院承担，因而书院的经费如何使用便成了一门学问。

之前谈到书院的经费有部分来自外界捐助，诂经精舍肄业生徐琪为官之后回到杭州，就曾拿出自己的钱俸 2000 两白银捐给诂经精舍，此事被俞樾记录在《徐学使捐加诂经精舍经费记》中：

光绪二十年九月，广东学政徐，以银二千两，咨交浙江巡抚廖，发典商生息，加广诂经精舍院长束脩、考生膏火。时余主诂经讲席，议以考生膏火为重。自来支发放束脩膏火，必以库平，而来平小于库平，以库平折实。得银一千八百二十四两；按月八厘生息，每年得息银一百七十五两一钱有四厘。乃加望课内课五名，每名每月一两二钱；外课十名，每名每月六钱。岁行十课，共银一百二十两。余银加院长束脩，截零归整，得五十五两。遇闰息增则加内课一名，无闰不加。精舍之人，金曰：美哉，斯举也！不可不记。爰刻石衔壁，以垂永久。徐君名琪，仁和人，旧肄业于是者也。（《春在堂杂文六编》一）[1]

1　王国平主编：《西湖文献集成》第 20 册，杭州出版社，2004 年，第 726 页。

学生的膏火是最大的支出，另外还有掌教的束脩，也就是现在所说的工资收入。据史料记载，当时诂经精舍山长年俸为 600 两，监院月薪 20 两。按照俞樾在苏州紫阳书院四百两的年薪来看，诂经精舍对于山长是比较照顾的，这也是当时吸引俞樾来杭州的一个主要原因。

学生膏火是这样的：高才 16 人，每人月给廪膳银六两，朔课考试，内课每名膏火银一两二钱，外课每名六钱，附课无定额，不给膏火。内课前十名，除了应得的膏火外，第一名外加笔资奖励金二两，还奖励洋四圆，依次至第十名，则每人各加笔资一两二钱，另外奖励银元二圆。[1] 仁和王莼赋先生《诂经精舍兴废纪》里说，初设内外课各 18 名，后增至 30 名。这样来说，能拿到膏火的学生约是 60 人，因为附课是不给膏火的。

每所书院予以学生的膏火数额也不尽相同。在嘉庆以前，许多书院都以统一的标准给学生发放，到了清后期，则开始设定额，列等级，按照成绩的排名分发膏火。如《敷文书院增设孝廉月课章程》里规定，敷文书院录取内课 18 名，外课 18 名，附课 20 名；每课正取内课每名给膏火银二两，次取外课每名给膏火费银一两，附取给膏火银四钱。

无论膏火数额多少，大部分书院对于学生的读书经费资助其实都是体现对于学生参加科举的重视，若是学生参加乡会试，还能得到更多的膏火奖励。

山长的收入，名目不止束脩一种，还有伙食银、茶水银、聘礼银、节仪银、程仪银等。束脩有的以年为单位发放，有的按季发放。伙食银是山长在书院里的每日膳食费用。聘礼银是书院聘请山长时

1　王国平主编：《西湖文献集成》第 20 册，杭州出版社，2004 年，第 726—727 页。

的一些礼节性费用，一般都是初次聘请时给。节仪银是节日的礼金，古人很重视节日，在端午、中秋、春节等节日会给山长一些礼金，虽然费用不多，但体现了对尊师重教的礼仪之风的重视。程仪银，也称为川资，指的是往返书院等的路费，山长不像监院需要时时刻刻都在书院里，俞樾就是常年往返于杭州和苏州两地，因而有许多路费需要开支。

第五章

课艺汇海 · 考证趣谈

程作，即范文。《诂经精舍文集》十四卷中，山长等人程作共十二篇一览如下。

阮元程作八篇：《西湖诂经精舍记》《重修会稽大禹陵庙碑》《〈论语〉"一贯"说》《释邮表畷》《释葵》《浙江即岷江非渐江考》《南屏司马温公隶书〈家人卦〉考》《焦山旧藏周鼎，今以西汉定陶陵鼎并置焦山，诗以纪事》。

孙星衍程作两篇：《许叔重木主结衔议》《重修台州府松门山天后宫龙王堂碑记》。

王昶程作一篇：《北过洚水至于大陆说》。

段玉裁程作一篇：《释能》。

摘葵烹食与《释葵》

　　《阮元年谱》里有一件有趣的事：嘉庆八年（1803）十一月十日前夕，阮元摘葵烹食，有纪事诗。是时，尚与程易田考辨葵菜，旋作《葵考》一文，并以《释葵》题试诂经精舍诸生。[1]

　　这首纪事诗名曰《种园葵烹食之》：

　　自种园葵烹鸭脚，几番剪摘更葱茏。智能卫足开三径，心本倾阳耐一冬。古鼎乍调春雨滑，雕戈闲刈绿烟浓。不因考古宁尝此，欲问黟山辨谷农。（《揅经室集》四集）

　　诗里说，自家的园子果实丰硕，葵菜已经成熟，于是摘下一些来烹煮，甚是喷香美味。葵菜是家常菜，至于古人如何种植以及食用，葵花、葵叶又有何种价值，至今没有全面的考证，阮元想到这里，他立马兴致勃勃找到农学大家程易田商榷起来。

　　程瑶田（1725—1814），字易田，安徽歙县人，他是清代著名徽派朴学代表人物之一，精通训诂，尤其在数学、天文、地理、生物、农业种植等方面很有建树。著述有《声律小记》《考工创物小记》《释草小记》《释虫小记》《果裸转语记》《通艺录》等十多种。

　　为何要找到程公考辨呢？嘉庆七年（1802），阮元修葺杭州

1　王章涛：《阮元年谱》，黄山书社，2003 年，第 330 页。

府学，需要校录考定一些礼器、乐器，他自己不擅长，就专程请来精通这些器物的程易田，询问究竟。后来程易田亲自抄录《考工创物小记》等21篇文章，汇编成《通艺录简钞》，赠予阮元以供参考。所以在阮元面前，程易田就是一位无所不知的老师，因而当阮元遇到饶有兴趣的难题时，也就自然想到与之讨论。

阮元这篇《释葵》程作是这样的：

葵为百菜之主，古人恒食之。《诗·豳风》《周礼·醢人》《仪礼》诸篇，《春秋左氏传》及秦汉书传，皆恒见之。《尔雅》于恒食之菜，不释其名，为其人人皆知也，故不释韭、葱之名，而但曰藿山韭、茖山葱。《尔雅》不释葵，其曰菟葵、楚葵、戎葵、蒸葵皆葵类，非正葵，亦韭、葱之例也。六朝人尚恒食葵，故《齐民要术》载种葵术甚详。鲍昭《葵赋》，亦有豚耳鸭掌之喻。唐宋以后，食者渐少，今人直不食此菜，亦无知此菜者矣。然则今为何菜耶？曰：古人之葵，即今人所种金钱紫花之葵，俗名钱儿淑气者，以花为玩，不以叶为食也。今之葵花有四种，一向日葵，高丈许，夏日开黄花，大径尺；一蜀葵，高四五尺，四五月开各色花，大如杯。此二葵之叶，皆粗涩有毛不滑，不可食。惟金钱紫花葵及秋葵叶可食，而金钱紫花葵尤肥厚而滑，乃为古之正葵，此花高不过二尺许，花紫色单瓣，大如钱，叶虽有五岐，而多骈，诚有如鲍明远所谓鸭掌者，异于秋葵之叶大多岐，不骈如鹤爪也。《齐民要术》称葵菜花紫，今金钱葵花皆紫无二色，不似蜀葵具各色，秋葵色淡黄也。《左传》云："葵犹能卫其足。"杜预注云："葵倾叶向日以蔽其根。"曹植《表》云："若葵藿之倾叶，太阳虽不为之回光，然向之者诚也。"《玉篇》云："葵叶向日，不令照其根。"此皆言葵之叶能卫其根，即葛藟庇本根之义，非言其花向日自转也。藿为豆叶，豆之花亦岂向日而转哉？予尝锄地半亩，种金钱紫花之葵，剪其叶以油烹食之，滑而肥，味甚美。南中地暖，春夏秋冬皆可采食，大约须地肥而叶嫩，大如钱，乃甘滑，《仪礼·士虞礼》称之曰滑者以此。又余尝登泰山，其悬崖穷谷曲磴幽石之间，无处无金钱紫花之葵，皆山中自生，非人所种，山中人采其叶烹食之，但瘦耳。然则世人虽久不食之，而其种固多有留存者矣。《说文》云："蘴，豆之少也。"余尝种豆，采其叶苗食之，味亦美。葵叶之味，与蘴正相似，益可知古人葵、蘴并举之义。秋葵叶嫩时亦可食，但此与葵性相近，终非正葵。葵之花开于夏，此则至秋始开，其叶不能四时种食耳。[1]

汉乐府《长歌行》有言："青青园中葵，朝露待日晞。阳春布德泽，万物生光辉。"阮元考证知，葵菜是百菜之主，其食用之地位非同一般。然而虽然古籍中常常提到这种蔬菜，却没有相关的考辨记载。南朝宋诗人鲍照曾有《葵赋》，赋中将葵叶比喻成鸭掌，大约取形似，阮元的诗里也用到"鸭脚"。只是唐宋以后，少有人食用葵菜，更少有知道此菜之故事的人了。到了晚清时期，人们意识中的葵已经有四种指代。向日葵是葵，蜀葵也是葵，这两种葵就是我们现在常见的景观植物向日葵，硕大的花盘，向日而生；另外两种则是金钱紫花葵和秋葵，金钱紫花葵就是阮元诗中所食用的葵菜，"其叶以油烹食之，滑而肥，味甚美"，而至于小绿尖尖角的秋葵，我们应当是很熟悉的了。

因为是程作，主讲示范的目的是给诸生一个参照。在布置了题目以后，学生们就利用各种课余时间搜集资料，构思成文。文集中有三篇优秀课艺，分别是学生金鹗、孙同元和谢淮的。

金鹗《释葵》如下。

《说文》云："葵，菜也。"《诗·豳风·七月》："烹葵及菽。"《周礼·醢人》："馈食之豆。"《士丧礼》："颒豆之实。"《既夕》："东方之馔四豆。"《士虞礼记》："豆实。"《士冠礼》："再醮两豆。"特牲、少牢《馈食礼》皆有"葵菹"。此葵之为菹

1　刘颖主编：《西湖文献集成续辑》第 14 册，杭州出版社，2016 年，第 159 页。

者也。《士虞礼记》："铏芼有滑，夏用葵，冬用荁。"郑注："夏秋用生葵，冬春用乾荁。"《公食大夫礼》："铏芼、牛藿、羊苦、豕薇皆有滑。"注云："滑，堇荁之类。"贾《疏》："经云皆有滑，不言所用之物，故取《士虞记》解之。云之属者，其中兼有葵也。"此葵之为羹者也。凡豆实，两豆必用葵菹，以嬴醢配之。四豆则加韭菹，以醓醢配之。《士昏礼》："菹醢四豆。"菹谓葵菹与韭菹也。六豆用昌本菁菹、韭菹。八豆则加葵菹。《公食大夫礼》"上大夫八豆"，《聘礼》"堂上八豆"，其中皆有葵菹，经虽不言，可考而知。凡铏羹必有滑，夏皆用葵，非特士虞礼、公食大夫礼也。然则自天子以至士、庶人，冠、昏、丧、祭、宾客之礼，无不用葵，葵之为用广矣。故古人种之于园，多至数亩，以其为常食之菜也。葵类最多，《尔雅·释草》云："蒆，菟葵。"郭注云："颇似葵而小，叶状如藜，有毛，沦啖之，滑。"又云："芹，楚葵。"郭注云："今水中芹菜。"《说文》云："蒆，菟葵也。"《诗》曰："言采其蒆。"蘩，菟葵也。《本草》注："江南人名猪莼。"《周礼》朝事之豆有蒆菹。又《尔雅》"啮苦堇"，郭注云："今堇葵也，叶似柳，子如米，沦食之，滑。"又"菮，蚍衃"，郭注云："今荆葵也，似葵，紫色。"陆玑《诗疏》云："芘芣一名荆葵，似芜菁，花紫绿色，可食，微苦。"又"菺，戎葵"，郭注："今蜀葵，似葵，华如木槿华，此葵之大者，戎蜀皆大也。"此六者，皆有葵名，亦以其可食而味滑也，然皆似葵，为葵之类，非即葵也。今秋葵，一名侧金盏，六月放花，大如碗，鹅黄色，紫心六瓣，朝开暮落，随即结子。诸葵惟蜀葵根苗嫩时可食，秋葵嫩时食之尤佳。《格物论》云："葵有鸭脚之名。"鲍照《葵赋》云："豚耳鸭掌。"今观秋葵，其叶如鸭掌，则秋葵即葵菜之葵，明矣。白乐天诗："贫厨何所有，炊稻烹秋葵。"即此秋葵欤？今葵类之可食者惟蔠葵，古所谓藤菜，今谓之紫果菜，以三月种，嫩苗可食，五月蔓延，其叶可作蔬，其子剖之，赤如血。然此非卫足之菜，无鸭掌之形，则亦与菟葵、楚葵等，同为葵类而已。[1]

1　《诂经精舍文集》，道光二十二年扬州阮氏刊本。

金鹗的文章构思特别，与孙同元和谢淮的引证资料不同，他的前半部分主要是从中国古人之礼仪角度来论述。《周礼》和《仪礼》中的《士丧礼》《士虞礼记》《士冠礼》《特牲馈食礼》《少牢馈食礼》《公食大夫礼》《士昏礼》《聘礼》等关于古代礼仪的文献，常常涉及这些礼仪所用到的食物，金鹗认为，"然则自天子以至士、庶人，冠、昏、丧、祭、宾客之礼，无不用葵，葵之为用广矣。故古人种之于园，多至数亩，以其为常食之菜也"。意思是，从天子到士庶百姓，凡是婚姻的礼节、男子的成年礼、丧礼、祭祀礼及日常宾客之礼等，处处都会用到葵菜，可见葵菜用途之广。也正因为葵菜是人们常常食用之物，所以古人常会在园圃里种植葵菜。

　　金鹗文章的后半部分，则引述其他篇目中的六种葵，即兔葵、楚葵、凫葵、菫葵、荆葵、戎葵，"此六者，皆有葵名，亦以其可食而味滑也，然皆似葵，为葵之类，非即葵也"。他认为，这六种古人所提到的葵均可食用且口感柔滑，然而它们应属于葵的所属类别，并非所要考证的葵。那么到底哪种葵是葵菜的葵呢？他说，"今观秋葵，其叶如鸭掌，则秋葵即葵菜之葵，明矣。"叶子似鸭掌的秋葵，才是葵菜的葵。

　　孙同元《释葵》如下。

　　古之所谓葵菜，即所谓向日葵也。葵字从癸得声，《尔雅·释天》云："太岁在癸曰昭阳。"邢昺《疏》云："甲至癸为十日，日为阳。"王氏《农书》本谓葵为阳草。据此，则向日之义已隐寓制字之中。《淮南·说林训》云："圣人之于道，犹葵之于日也，虽不能与终始哉，其乡之诚也。"曹植《求通亲亲表》云："若葵藿之倾叶，太阳虽不为之回光，然终向之者诚也。"古人凡言葵菜，皆专指向日而言。左氏成十七年《传》云："鲍庄子之知不如葵，葵犹能卫其足。"杜注："葵倾叶向日以蔽其根。"《急就篇》注："葵为卫足之菜，倾叶而蔽日者也。"然则卫足即向日，向日即古所谓葵菜，第今人并以葵为花品，不以为菜品，故鲜有食之者。[1]

　　孙同元的文章内容相对其他两位来说，论述较为直接，他认为
"古之所谓葵菜，即所谓向日葵也"，即古人所说的葵菜，就是向
日葵。为了论证此观点，他从"葵"字的"从癸得声"来判断葵字
的意思，既然葵字属形声字，那么葵就应当从癸的意义来理解。而
癸为何意呢？于是孙同元援引《尔雅·释天》及邢昺《疏》、《淮
南子·说林训》、《求通亲亲表》之文，认为"古人凡言葵菜，皆
专指向日而言"，即古人所说的葵菜，都是专指向日葵。可是为何
现在的人很少见到食用葵菜的呢？其实是因为古人所认为的葵菜就
是向日葵，而现在的人都将向日葵当作花品，而非菜品，于是自然
没有人会吃葵菜了。

　　谢淮《释葵》如下。

　　按葵种不一，有蔬品，有卉品。《周礼·醢人》："馈食之豆，
其实葵菹。"《仪礼·士虞礼》："铏芼有滑，夏用葵。"郑注：
"夏秋用生葵。"贾《疏》谓举夏以兼秋，盖即今之秋葵。鲍照《园
葵赋》："白茎紫蒂，豚耳鸭掌。"状与秋葵同。白居易诗："炊
稻烹秋葵。"与《豳风·七月》烹食之义合。《本草》谓之滑菜，
与《仪礼》"铏芼有滑"之义合。公仪休之所拔，鲁漆室之所种，
周彦伦之绿葵紫蓼，卢叔彪之粟飧葵菜，皆指此。《齐民要术》引
《广雅》："归，邱葵。"《尔雅翼》："葵为百菜之主，一岁可
三种。"《尔雅》："菺，菟葵。"郭注："似葵而小，汋啖之，
滑。"即刘禹锡所谓兔葵燕麦，动摇春风。又苏轼诗："煮葵烧笋
饷春耕。"则可瀹为蔬者尚多，要不若秋葵之为著也。其为卉品者，
一曰蜀葵，《尔雅》："菺，戎葵。"注："今蜀葵也，华如木槿。"
一曰锦葵，即荆葵，《尔雅》："荍，蚍衃。"注："今荆葵也。"
一曰蘩葵，《尔雅》："蘩葵，繁露。"注："华紫黄色，或谓即

1　《诂经精舍文集》，道光二十二年扬州阮氏刊本。

今藤菜。"要之于卉为近。别有洼节葵，陆务观有诗，苏子由亦有"红葵洼节花"之句，杨升庵谓借葵喻形，非谓洼节即葵，为得其实。至葵之向日，其说已久，而不能无疑。《左传》："葵能卫其足。"杜注："葵倾叶向日，以蔽其根。"曹植《求通亲亲表》："若葵藿之倾叶，太阳虽不为之回光，然向之者诚也。"《玉篇》亦言葵倾叶向日，不令照其根。则向日属叶而不属于花。陆机《园葵》诗："朝荣东北倾，夕颖西南晞。"亦未确指为花。至杜甫诗"倾阳逐露葵"，许白云诗遂有"向日""锦苞"之语，则专言花能向日。按向日葵，一名金盘菊，花大蒂重，开则低垂，似无随日转移之理，况子建所云"倾叶"，葵、藿并称。《说文》："藿，尗之少也。"《玉篇》谓之豆叶，则亦专指叶而言，未见"豆花漠漠，朝暮转向"也。或谓秋葵日中盛开，至暮则敛，谓之向日，则与牵牛花见日即萎者相反。物性不同，良亦有之，非验之秋圃，弗能知也。[1]

谢淮的开篇，即为此文下了一个总论，即"葵种不一，有蔬品，有卉品"。谢淮的文章与阮元的行文方式比较接近，先给出论点，然后分别阐述。他将葵按照品种的不同进行分类，即分为作为蔬菜食用的葵和作为观赏性花卉的葵，如此一来，文章条理十分清晰。而文中引用文献，有理有据，所下的结论也有所凭借，比如结尾说道："或谓秋葵日中盛开，至暮则敛，谓之向日，则与牵牛花见日即萎者相反。物性不同，良亦有之，非验之秋圃，弗能知也。"有人说，秋葵在中午时分盛开，到了傍晚则花瓣收拢，所以人们称之为"向日"，这与牵牛花看到四溢的阳光就萎蔫的现象刚好相反。谢淮认为，这就是物性不同的道理，万事万物自然有各自的生命法则，若非亲自去一趟秋天的园圃里看个究竟，谁又能了解到其中的奥妙呢！

1　《诂经精舍文集》，道光二十二年扬州阮氏刊本。

古人也辨《地球说》

在《诂经精舍文集》及其他续集中，偶见一些天文地理方面的课艺。高云麟的《地球说》就是关于地理知识方面的考证文章。

高云麟的《地球说》如下。

今之谈天者，均言地球之说，始自西人，其证有四。以为天下至平者水，至广者海。今试于海岸，用远镜遥窥去舟，必先见舟隐，后见桅隐。若窥来舟，则先见桅旗，后见舟舰。夫舟大桅小，人所知也。大者易见，小者难见，又人所知也。今乃反之，盖由舟浮水面，为地之圆处所蔽，故桅虽小，转先见耳。其证一也。又当明武宗时，西洋葡萄亚，有人由西驶行，过大西洋、亚墨利加洋，由太平洋、南洋、印度洋、小西洋，仍回大西洋葡萄亚。若地形不圆，何能自西往，自东还乎？其证二也。又赤道北则见北极，不见南极。赤道南则见南极，不见北极。若地非浑圆，观星者安有南北之异？其证三也。又地影蔽月则月蚀，惟地体圆，故暗虚之蔽月者亦圆。若地形方，则影亦方矣。其证四也。有此四证，地圆之说，瞭如指掌。虽地静地动，说有不同，而地球总无异议。似其理惟西人知之矣，不知中国古书，虽未明言地球，而《周髀》所载测日景之法，与《授时》所载测月蚀之法，实已隐具其理。徒以西法言之，其可证地圆者，四端之外，亦尚有三焉。一则证以地心之吸力。按西洋测地之士，言地中含有电气，能吸引一切万物，故土石泥沙，层层相丽。然地心吸物之力，其势必周围相等，若地形为方，则地体四方之直线，与四角之斜线，度数不等，吸力安能均平乎？二则证以热道、温道、寒道昼夜之长短。热道正当日下，日光仅能及其半面，故四时昼夜均平。温道以斜面受日光，其经度由广渐狭，故近日则昼长夜短，远日则昼短夜长。而近热道与近寒道处，其昼夜之长短，亦差有异。若二寒道，则其形如倚，其经度则由狭而至于无，故其昼夜长短之差，迥异温道。近二极处，至有以半年为昼夜者。盖由近日则日光能照其全，故半年皆昼；远日则日光仅及温道，故半年皆夜。此时刻所由分也。使地非如球，何以由广渐狭，由平渐倚乎？三则证以天地自然之气。如吹水成泡，其形皆圆。作风气机，方者易毁。盖天形既圆，则下降之气，其聚于中心者亦圆。气之聚于中心者既圆，则重浊之凝而为地者，安得而不圆？曾子曰："如天圆而地方，则是四角之不揜也。"此地圆之说之最古者。若夫《尚书考灵曜》所云"地有四游"，又与西人天静地动之说，不谋而合。然则地球之说，岂独西人知之哉！[1]

地球说，即地圆说，认为地是圆的。初读此文，会以为高云麟是在为西方提出地球说的观点进行论证，其实不然。"今之谈天者，均言地球之说，始自西人，其证有四"，开篇他说，现在谈论天文的人，都认为地球说源自西方，有四个论据，而高云麟的意图则是为下文提出地球之说非独为西方人所知而做的铺垫。

高云麟先陈述西方人提出地球说的四个论据。一是通过肉眼观测海面的航船状态，远远望去，船身渐渐隐去，然后才见桅帆消失；如果是远方的船从对方驶来，则是先见桅帆，后才见船身，如此可判断，地球是圆的。二是明武宗时，西方人航海路线由东往西行驶，最终仍然回到原点，如果地球不是圆的又怎能做到呢。三是在赤道北边只能见到北极，见不到南极，反之亦然。如果地球不是圆的，观星时又怎么会有南北差异呢？四是月的阴晴圆缺变化，蔽月的形状非圆形不可。以上四种论证地圆学说，虽然看似唯有西方人能解释，然而中国古书中其实早已隐藏关于地圆说的理论，如"《周髀》所载测日景之法，与《授时》所载测月蚀之法"。

1 刘颖主编：《西湖文献集成续辑》第14册，杭州出版社，2016年，第297—298页。

接着，高云麟又梳理了三点可证明地圆说的论据。一是以地心吸引力为证。地心中具有吸引万物之力，如果地球不是圆的而是方的，那么四角斜线度数不等，怎么能均匀地吸引地表万物呢。二是以赤道和寒温带的昼夜长短为证。赤道上一年四季的昼夜时间是均等的，但是寒带和温带所在地方却有昼长夜短或昼短夜长的不同现象，是因为地球是圆的，才会有渐渐变化的道理。三是以天地自然之气为证。曾子也说，如果地是方形的，那么地的四个角就不能被天所遮盖。高云麟总结道：地圆的学说，怎么会只有西方人了解呢。

这篇《地球说》曾于 1872 年 5 月 8 日被《申报》刊登发表，不过当时未注明作者，然而通过内容的比照，基本可以判断《申报》上的这篇文章作者即是高云麟。从诂经精舍的文集所收录关于天文地理的课艺内容来看，注重实学也成为精舍务实的明显表现。

策问对答一二三

　　策问，是古代一种正式的考试方式。最早是统治者对于臣子的政务询问。汉文帝就多次命令地方官员就一些政务措施进行人才举荐，对被举荐者采用的就是策问这种考试形式。策问的内容范围涵盖政治、经济、文化等许多方面，应试者进行书面的对答，对答便是对策。

　　随着时代的变迁，策问成为古代科举制度中比较重要的考试内容，对策的文风高下渐渐成为评判文章优劣的一种标准。然而历朝历代的策问内容有所不同，隋唐时代注重其文学性的一面，看重考生对策是否能够游刃有余地进行骈文写作，文采是否华丽，而宋代新政以后，更加注重对策的应用性，考查应试者解决各种实际问题的能力，考生需要有广泛的知识面以及对于治理国家的深度思考。

　　清朝时期，科举考试采用三场考试的模式，第一场考四书文，第二场考五经文，第三场考策问。虽然理论上三场考试的地位均等，但实际阅卷中往往重点在第一场，后两场仅仅作为参考，有的考官甚至仅在第一场阅卷就下定论，因而策问地位没有得到重视。而到了嘉庆时，社会变革加剧，经世致用的主张得到社会的普遍认同，阮元就极力主张偏重考查考生的策问，他认为策问能反映一个人对于社会问题的理性思考。

　　嘉庆四年（1799）己未科会试，当时阮元担任副总裁，在阅卷时优先录取第三场策问优秀的考生。不过对于策问的题目，他有自己的理解，他说："殊不知发策……若岁首拈浩如烟海中之数事以问士，即以士之不能对者为劣，试思若许士子亦如此拈数事以周试官，试官能全对乎？”在阮元看来，策问的目的不在于用冷僻的题挖空心思难倒考生，而是在于真正考查其对于史学的认知水平和自我理解的能力。

《诂经精舍文集》卷四选录的均是策问。所列策问撷取如下。

史例昉于马班？

古人重三史之学？

岂不以先秦三代服物典章犹有存者，固有所本而为之与？

《史记》载《尚书》，多孔氏古文说，有百篇之序，然及周公揃蚤、雷风葬毕之事，殆兼有今文家说与？

《年表》纪甲子始于共和之元，上一格题“庚申”等字，次格为裴骃引徐广“岁在庚申”之语。或以“甲子”为徐广所增，然乎否乎？

史公言孔子序《尚书》无年月，疑则传疑。今推步家有帝喾、唐尧甲子，何所本与？

《世家》有孔子，以鲋至安国，世有博士，如世禄之家，王安石訾之，岂知言与？

《历书》第四《历术甲子》篇，终于建始，岂史公本文与？

太初元年是丁丑，乃云阏逢摄提格，《汉志》又云太岁在子，何也？

《汉书·古今人表》分上中下，本于《文子》，岂得谓之臆撰与？

《五行传》刘向之学，受自伏生，董仲舒亦为此学，能求其本与？

《地理志》多本古文说，大伾、大别、昆仑、积石之属，今悉用新说移易处所，犹得谓之信而好古与？

今世所传古书，为《艺文志》不载，何故？

《循吏传》与酷吏并列，岂取于宽猛相济之政与？

作史莫难于表、志。《史》《汉》之后，范史则有司马彪《补志》。三国六朝诸史，表、志或具或不具，列代典礼略见于《三通》。宋徐天麟作《两汉会要》，止就本书编次，此外汉事尚多，其书犹可补与？唐五代已来，皆有会要，三国六朝无之，有能纂辑成书，略言体例与？

编年始于《汉纪》，滥觞于《通鉴》，而春秋有《长历》可考，《三传》事迹尚可博搜，与诸生研经有暇，将以博闻强识，为史馆储撰述之才，其悉述所知以对。

观览以上策问，均是史学。精舍学生会如何应答呢？不如看一看以下三例。

问：古人重三史之学？

汪家禧、丁子复曰：《三国志·吕蒙传》注《江表传》引孙权之言，三史与《孙子》《六韬》《左传》《国语》并称。晋已前以马、班所著，合《东观记》为三史。

丁子复又曰：《吴录》"留赞好读兵书及三史"。唐制以三史举人官。

李遇孙曰：唐穆宗长庆三年二月，谏议大夫殷侑言司马氏、班氏、范氏为书，劝善惩恶，亚于六经。比来史学废绝，至有身处班列，而朝廷旧章莫能知者，于是立三史科。

汪家禧曰：今以马、班合范史为三者，从唐已后称也。[1]

这一策问考查学生是否了解古人对于三史的重视程度。

问：今世所传古书，为《艺文志》不载，何故？

徐鲲曰：今世所传古书，如《神农本草》《周髀算经》《春秋繁露》《列女》《列仙传》等，皆不见于《艺文》，或其时未经奏御，故不录也。

徐养原曰：《艺文志》凡书六略万三千余卷，今所传者仅十之一二。亦有传于今而不载于《志》者，如《孔丛子》《关尹子》《亢仓子》《子华子》，及风后《握机》、李筌《阴符》、黄石《三略》、

1　刘颖主编：《西湖文献集成续辑》第14册，杭州出版社，2016年，第78页。

サイドバー第五章
课艺汇海·考证趣谈

张商英《三坟》、丰坊《诗传》之属，昔贤已斥其伪，不具论。其《志》所不载而灼然知为古书者，《周髀算经》。蔡邕言之，赵婴注之，郑康成注《考灵耀四极之游》用其说，后之言句股者奉为鼻祖，不可谓非古书也。《九章算经》据刘徽序，则张苍所作，而耿寿昌补之，康成注《礼》笺《诗》，两言粟米之法，亦不可谓非古书也。《素问》宏深奥衍，纵非黄帝之书，亦当出于和缓之流，乃《汉志》有《黄帝内经》而无《素问》，后人合《灵枢》而总为《内经》。其实《灵枢》自伪，而《素问》非伪也。……《孔子三朝记》尽入《大戴》，裴氏《三国志注》有明文焉，而颜籀以为《大戴》有其一篇，又不言何篇，殊不可解。《弟子职》在《管子》书，《小尔雅》入《孔丛子》，此皆好古之士所宜急为表章者也。至于《易纬》为七纬之一，萌牙于哀、平，笃信于光武，而班氏不著于录，殆因向、歆未校，不敢妄增耳。

张鉴、蒋炯曰：《艺文志》所不载，如子贡《诗传》为丰道生伪撰，子夏《易传》为张弧伪撰，《连山》为刘炫伪撰，《归藏》为薛季贞伪撰，《晋乘》《楚梼杌》为吾邱衍伪撰，非若《隋志》良楛并收也。

洪颐煊曰：今世传周秦古书，为《艺文志》所不载者，据《隋书·经籍志》"周易类"有"《周易》二卷，魏文侯师卜子夏传"，《释文》引《七略》云："汉兴，韩婴传。"《汉志》"易传"本有韩氏二篇，《汉志》本于《七略》，故不重出此篇。"杂史类"有《越绝记》十六卷，子贡撰，《崇文总目》云："或曰子胥。"案此书下载春申君及纪年至建武二十八年，乃后汉袁康所作。……举此条，足知当日古书，经向、歆父子校定，详审精核，胜于《隋志》。余如张弧之伪《子夏易传》，毛渐之《古三坟书》，丰坊之《鲁诗世学》，吾邱衍之《晋乘》《楚梼杌》，杂出于唐宋元明人假托矣。

王仁、洪震煊曰：宋王应麟作《艺文志考》，增入二十六种，真伪杂出，未为尽善。[1]

---

1 刘颖主编：《西湖文献集成续辑》第14册，杭州出版社，2016年，第93—95页。

这一策问是说，今世所见到的古代书籍，为何有一些不被《汉书·艺文志》所著录，请学生阐述理由。徐鲲认为，诸如《神农本草》《周髀算经》《春秋繁露》《列女传》《列仙传》等文献，是由于当时没有上奏皇帝，因而没有得到认可。徐养原认为，《汉书·艺文志》著录的典籍留传下来的仅有十分之一二，散失太多不可考，一些流传到现今却未被著录的书，是先人已经考证为伪的书，但诸如《周髀算经》《九章算经》等明显可知为古书的书也没有被著录。张鉴、蒋炯都认为，《汉书·艺文志》中所不载的一些书经前人考证是伪书。洪颐煊、王仁、洪震煊的观点也是集中在书籍的真伪上。

问：编年始于《汉纪》，滥觞于《通鉴》，而春秋有《长历》可考，三传事迹尚可博搜，与诸生研经有暇，将以博闻强识，为史馆储撰述之才，其悉述所知以对。

洪颐煊曰：以《春秋长历》为经，以三传事迹为纬，再博采三史、《国语》、《国策》、《管子》、《晏子》、《淮南》、《吕览》、《说苑》、《新序》诸书，凡有涉于三传者，以人系事，以事系年，其无年月事迹可系者，再仿《左氏春秋外传》体例，当更精也。

周中孚曰：编年始于《左氏春秋传》，然犹为解经而设。至荀悦仿左氏作《汉纪》，实编年之史所自始。杜预《春秋释例》，有《长历》一种，推测时日，最为明确，而春秋时事，亦有出于三传之外者。明薛虞畿撰《春秋别典》，分十二公，编次颇称赅博，惟不注出处，是其一失，宜更益以各书，依《长历》分年排比，别作《春秋长编》，如李焘之辑宋事可也。

严杰曰：荀悦《汉纪》复改纪传为编年，凡制度之沿革、人之忠邪、刑政赏罚之是非，与夫日蚀星变、灾祥沴庆之作，各系时以纪事。《春秋》书日书月，时有差误。隐公二年秋八月庚辰，《长历》云："八月无庚辰。"七月乃壬申朔也。桓公二年戊申纳于太庙，《长历》云："五月十日也。"有日而无月，以五月乃己亥朔也。如斯之类，咸资考核。三传佚事，见于周秦诸子居多，明薛虞畿《春秋别典》一书，所采虽未及十之一二，亦可见大凡矣。

汪家禧曰：《春秋》三传外可搜辑者，诸子为多，然传闻异辞，短长互见，如《韩非子》谓子罕劫君，谓孔子与赵襄同时。《尸子》以抱钟而朝之言，出于孔子。周秦以上之书且如此，《说苑》《新序》之多不实可知矣。且诸书随文征及，均无年月，缀系为难。明薛虞畿编《春秋别典》，分十二公，陈氏原耀因之，作《春秋战国异词》，然分国编次，盖亦以诸书之具年月者少也。

丁子复曰：杜预为《春秋长历》，列国事尤班班可考。若周定王五年河徙，其时适当春秋之半，为千古河患之始，而三传无文。凡如此类，犹可博搜也。[1]

这道策问相较于前两题，考查范围十分宽泛，谈谈自己对于撰述编年体史书的看法，畅所欲言。在这些学生的对策中，可以大致看出每个人的史学水平。

---

1 刘颖主编：《西湖文献集成续辑》第14册，杭州出版社，2016年，第97页。

星罗云布的词章文学

以题为韵

以题为韵，是指用题目中的文字作为这首试赋的韵脚。在文集中，有相当多的试赋题注明须以题为韵。比如十一月朔课题目为《一片冰心在玉壶赋以题为韵》，就要求以题目中的"一片冰心在玉壶赋"八个字依次为韵。相对自由押韵来说，给定了韵脚，难度自然增加不少。这首试赋的作者是费玉仑。

一片冰心在玉壶赋以题为韵

镂雪为神，雕琼作质。皎皎光浮，莹莹彩溢。品高圭璧，气可成虹；节励风霜，辉堪争日。朗照空明之界，月已印千；静观澄澈之怀，尘无染一。昔王龙标之送辛渐也，祖帐登程，离亭开宴。把袂殷殷，攀条恋恋。试听歌骊，昨夜别恨难捐；还看画鹢，前途交情如见。送去帆于江上，关心流水迢迢；怀旧雨于洛中，望眼归云片片。夫以数年仕历，一命官膺。簿书常积，案牍频仍。尘扰扰而为缘，志难皎洁；雾蒙蒙而作障，品未清澄。纵教雀网门前，官闲似水；安得尘挥座上，心净于冰？然而清原雪澡，翳岂云侵？全消俗障，净涤烦襟。映濯濯之冰姿，虚怀淡泊；抱珊珊之玉骨，雅量渊深。圭有玷而能磨，应重连城之价；泉虽贪而可饮，常盟酌水之心。清节弥昭，贞心不改。质如琼玖之坚，色比雪霜之皑。只许清风入抱，习习生寒；还教秋水传神，溶溶耀彩。照见丰神韶秀，山如玉而人行；发来光气玲珑，域名晶而心在。净本无瑕，清原不俗。凛凛寒霜，熊熊朝旭。朗如金鉴，想精理之内含；莹若晶盘，验浮辉之外烛。久矢洁清之抱，操本如冰；频加磨琢之功，德堪比玉。是其明如悬镜，慧比握珠。寒真铁石，美等瑾瑜。不曰坚乎，淘磨之而不磷；昭其质也，岂礐者之易污？尽多诗酒之缘，尚有壁留鸿雪；暂作神仙之吏，还疑身到蓬壶。迄今江上重游，楼头小住。慕浣雪之清思，哦穿珠之好句。冰净聪明之质，犹想清标；玉含温润之姿，共推雅度。愿怀清于此日，还吟鲍照之诗；忆送别于当年，可续江淹之赋。[1]

限韵诗

限韵诗，也是一种试题形式。试题要求以给出的限定字为韵脚作诗，并且诗意要兼顾题目。

秧马限"农"字
孙同垍

秧畦滑滑四蹄逢，不信奇工出老农。甲陇驰驱红雨软，辛畦蹴踏绿云浓。花鬃沾露犹疑汗，竹耳奔尘宛绝踪。最是晚凉间洗处，水声田畔听淙淙。[2]

秧马限"农"字
盛赞尧

十年征战息狼烽，策马归来士亦农。伏枥自惭难附骥，分秧小试竟如龙。鞯装杏缬驰驱便，鞭借杨丝蹀躞从。听得田歌如奏凯，衔枚疾走竞相逢。[3]

1　马积高、叶幼明主编：《历代词赋总汇》第23册，湖南文艺出版社，2014年，第23557页。

2　刘颖主编：《西湖文献集成续辑》第15册，杭州出版社，2016年，第251页。

3　刘颖主编：《西湖文献集成续辑》第15册，杭州出版社，2016年，第251页。

这两首题为《秧马》的诗，限"农"字为韵脚，孙同堉的诗韵脚依次押在"逢""农""浓""踪""淙"五个字上，比较工整。盛赞尧的诗韵脚依次为"烽""农""龙""从""逢"，同样符合要求。至于内容而言，题目"秧马"是指古代的一种用于插秧、拔秧的农具。孙诗描述的是秧马在秧田里工作的具体情节，"花鬃沾露犹疑汗，竹耳奔尘宛绝踪"，是诗人将农具比喻成良马，说它的鬃毛沾满了露珠，好像是汗水，它的耳朵如竹叶，奔走在尘土上一会儿就没了踪影。秧马省去了农人不少辛勤的劳力。此诗也是盛赞这一农具为农人带来的好处。盛诗则从一位战场凯旋归来的战士下地耕作来写，"伏枥自惭难附骥，分秧小试竟如龙"，战士因长年征战在外而不会务农，手法生疏，却不想有了秧马后，插秧分秧变得十分灵活，大大提升了农事的效率。

巧试演连珠

连珠，是一种文体。晋代文学家傅玄《叙连珠》里说："所谓连珠者，兴于汉章之世，班固、贾逵、傅毅三子，受诏而作之。……其文体辞丽而言约，不指说事情，必假喻以达其旨，而览者微悟，合于古诗讽兴之义。欲使历历如贯珠，易看而可说，故谓之连珠。"其中指明了连珠文的一些特点：一是语言辞藻华丽有审美，讲究对偶有韵，但须言简意赅，不可繁冗铺排；二是只能假托别的事物来表达主旨，不能直说事情；三是"历历如贯珠"，在表述时注重逻辑推理，一环扣一环，环环相扣。

西晋文学家陆机曾写过 50 首《演连珠》，后人的演连珠大多效法陆机此文。葛洪曾经就对陆机的《演连珠》给予极高的评价："弘丽妍赡，英锐漂逸，亦一代之绝乎！"撷取片段如下。

臣闻日薄星回，穹天所以纪物；山盈川冲，后土所以播气。五行错而致用，四时违而成岁。是以百官悋居，以赴八音之离；明君执契，以要克谐之会。

臣闻任重于力，才尽则困；用广其器，应博则凶。是以物胜权而衡殆，形过镜则照穷。故明主程才以效业，贞臣底力而辞丰。

臣闻髦俊之才，世所希之；邱园之秀，因时则扬。是以大人基命，不擢才于后土；明主聿兴，不降佐于昊苍。

臣闻世之所遗，未为非宝；主之所珍，不必适治。是以俊乂之薮，希蒙翘车之招；金碧之岩，必辱凤举之使。

臣闻禄放于宠，非隆家之举；官私于亲，非兴邦之选。是以三卿世及，东国多衰弊之政；五侯并轨，西京有陵夷之运。

陆机是西晋文学的代表人物，他擅长辞赋，仅是一篇《文赋》就被萧统在《文选》中单设"论文"一个体目。陆机的文章除了《文赋》足够经典具有影响力之外，就数《演连珠》。萧统、刘勰都将此文当作美文欣赏，不仅因为其文辞别致优美，更在于包孕着极为丰厚的思想深度。我们读到这选录的五节，语调抑扬婉转，韵律起伏柔亮，时而步步紧逼，时而豁然开朗，仿佛在阿西里西大草原那丰盈的波浪路上行驶，连绵的山峦在余光中起起伏伏，心境似在海浪中无尽地航行，而文意之真、文思之切、文风之美又跃然纸上，足见诗人的才华。

诂经精舍考课中也有关于连珠的试题，让学生仿照古人写写练练连珠体，其中不乏优秀文章。

高人凤的《拟演连珠四首》[1]如下。

用贤

臣闻照乘之珠，得价斯耀；连城之璧，遇时则尊。是以琪骥呈

1　刘颖主编：《西湖文献集成续辑》第 15 册，杭州出版社，2016年，第 319—320 页。

材，必逢造父王良之御；贤能效绩，必有唐尧虞舜之君。

去谗

臣闻皎日至辉，蔽于薄雾；寒松至劲，蠹于微虫。是以植芳兰者，务除夫萧艾；艺嘉谷者，先薙夫蒿蓬。

器使

臣闻镜不设形，美恶莫逃其察；权无常准，轻重莫遁其衡。是以鱼栖渊而网罟结，鸟拂云而矰缴鸣。山海通而舟车适，寒暑易而裘葛更。

诚格

臣闻垂檐之溜，至于穿石；盈镒之金，可以琢针。是以歌《二南》之诗，王化敷而郊游仁兽；挥五弦之曲，帝德覃而庭舞灵禽。

这是高人凤所写的四首连珠文，题目分别为《用贤》《去谗》《器使》《诚格》，所论及的是为政者所需注意的四个方面。文辞华丽亦然，逻辑推理有条不紊，是为诂经精舍考生中的优秀作品。

《用贤》以照乘珠和连城璧为喻，阐述君主与贤臣的关系，以及贤臣对于国家之重要性。

《去谗》同样先设两喻，皎洁的日光再明亮，也会被薄雾遮蔽；松柏能在寒冷冰霜中傲然挺立，却也能被渺小的蛀虫击垮。因而为政者想要国家长久兴旺，必然要过滤一些无用的逸言秽语，与兰花、艾草不宜种植在一起实则是一个道理，因为艾草会将兰花所需的营养吸走，花中君子何其尊贵，却也禁不起艾草的掠夺。高人凤逻辑分明，比喻合理，言辞亦很优美。

《器使》是在谈论器的合理使用。"山海通而舟车适，寒暑易而裘葛更"这两句收尾十分有韵味，若要抵达任何的山川河海，应选用合适的交通工具；寒暑交替，冷暖自知，于是身上的衣物也随之改变，或裘皮大衣，或丝麻夏衣，适合的才是最好的。

《诚格》是说一个人诚挚的品格。以滴水穿石和铁杵磨成针两个古老而生动的比喻入题，天下之治，必在恒心。

师生同题共赋《绿阴》

嘉庆八年（1803）三月，阮元赋《绿阴》诗一首，给诂经精舍诸生示范，精舍的学生纷纷写作，亦有优秀诗篇，张鉴四首、查揆二首、徐熊飞一首、孙同元二首、张慧一首，被选录在《诂经精舍文集》卷十四中。

阮元《绿阴课诂经精舍拟作》：

> 几番春雨乱红披，重到园林一月迟。
> 凉意转生亭午后，清光多在嫩晴时。
> 轻寒轻暖人初静，如水如云鸟不知。
> 待过黄梅好时节，新蝉嘶破影参差。

张鉴《绿阴》七律四首：

> 卐字阑干亚字墙，愔愔门巷日初长。
> 楝花落处低金钥，柿叶生多覆井床。
> 乳燕书堂春雨闹，睡鹅池馆午风凉。
> 旧时百尺梧桐影，又见螬衣上画廊。
>
> 万树春风过禁烟，水村山店寺门前。
> 一群翠羽凉于水，数点嫣红静似年。

扇低影迷歌院晓，笠头浓压钓艖圆。
那堪昔日题红处，重系连钱一惘然。

飞絮游丝渐作团，江南风物夏将阑。
罩来鹅鹜春波暖，遮住秋千画阁寒。
螺黛学描宫样浅，罗衣重试酒痕干。
凉飔且莫催双鬓，镜里星星可耐看。

眠琴初起出西斋，望断邻墙得好怀。
雨后莺啼迷柘弹，花时人过泣遗钗。
濛濛珠串藏高阁，杳杳鞭丝度曲街。
赚得闲愁似春水，年年流影到天涯。[1]

查揆的《绿阴》七律二首：

分得新阴一碧含，夹衣乍换又江南。
讨春才觉红情懒，买夏方知绿意酣。
三月帘栊忺谷雨，一村桑柘浴吴蚕。
如何老铁花游曲，莺板飘零已不谙。

上河图子过清明，又见新烟与水平。
花似徐妃刚半面，诗如杜牧怨三生。
夕阳翠幕寒犹嫩，凉雨银床碧又晴。
遮尽曲阑干十二，不曾遮住玉箫声。[2]

徐熊飞《绿阴》：

1　《诂经精舍文集》，道光二十二年扬州阮氏刻本。
2　刘颖主编：《西湖文献集成续辑》第 14 册，杭州出版社，2016
年，第 284 页。

取次良辰过浴兰，江乡榆柳碧漫漫。
雨晴浓压钓船重，风定薄添村径寒。
载酒幽香生别墅，卷帘新翠滴平峦。
水边林下句留处，露湿春衫驻马看。[1]

孙同元《绿阴》二首：

万绿排云扑眼前，浓阴如水更如烟。
林塘黯黯连三月，门巷惝惝又一年。
芳草有情还自秀，落花无主倩谁怜？
携尊遮莫钩帘赏，不放斜阳到酒边。

春光荏苒去堂堂，一径深沉燕子忙。
竹翠压屏山影重，桐云泼镜水波凉。
逗留画本迎长昼，摇曳诗情上短廊。
欲断仍连看未足，荭鸡联队下寻芳。[2]

张慧《绿阴》：

满林幽翠滴岩廊，小憩还怜绿野堂。
暮景早从千嶂合，午晴多占一分凉。
闹蛾旧市闻桑剪，睡雨秋魂到石床。
篱落无人清昼永，荭鸡独自下回塘。[3]

1　刘颖主编：《西湖文献集成续辑》第14册，杭州出版社，2016年，第284页。
2　刘颖主编：《西湖文献集成续辑》第14册，杭州出版社，2016年，第284—285页。
3　刘颖主编：《西湖文献集成续辑》第14册，杭州出版社，2016年，第285页。

◎ 千万种"绿阴"

◎　静坐山中听树声

武陵渔人与隐者三种

武陵渔人误入桃花源赠隐者
落花惊起老渔眠，载得笭箵破晓烟。
春水鱼鰕孤艇外，人家鸡犬六朝前。
射生不识秦时鹿，赊酒曾无汉代钱。
又是匆匆溪上别，那堪回首白鸥天。[1]

桃花源隐者送武陵渔人出洞
浊酒呼君话隐沦，尊前离思满比邻。
敢将一饭称知己，直为空山少故人。
孤艇也如茅屋小，蓑衣还校古妆新。
夕阳相送无他语，莫便轻抛旧钓轮。[2]

武陵渔人重至桃花源寻隐者不遇
一水延缘问渡难，扁舟重溯武陵滩。
曾行墟里烟初掩，旧踏苍苔雨未干。
鸡犬似将生客避，桃花已当外人看。
记来前度临歧语，桑柘成阴暮色寒。[3]

查揆（1770—1834），浙江海宁人，嘉庆九年（1804）举人，官顺天蓟州知州，著有《菽原堂集》。这组诗颇有趣味，内容是将陶渊明所作的《桃花源记》的故事进行虚构扩展。

---

1 《诂经精舍文集》，道光二十二年扬州阮氏刻本。
2 《诂经精舍文集》，道光二十二年扬州阮氏刻本。
3 《诂经精舍文集》，道光二十二年扬州阮氏刻本。

晋代诗人陶渊明有《桃花源记》，其序言记述了一个武陵的捕鱼人偶然误入与世隔绝的桃花源，并发生了许多奇幻的故事。东晋太元年间的一天，武陵郡中一个渔人顺着溪水行船，忽然闯入一片芳草缤纷的桃花林中。渔人被这陌生而美丽的地方深深吸引，他沿着林子前行，到尽头看见一个山洞，于是便放下船桨，走下船，进入洞中。却不想，洞外的世界仿佛仙境，有宽旷的土地，肥沃的田地，美丽的池沼，还有桑树竹林之类。这里的人们也十分热情友好，生活安逸恬然，招呼渔人做客到家吃饭饮酒。几天后，渔人告辞返程。等到了郡城禀告太守此番奇幻的经历后，太守派人再次来到此地寻找桃花源，却始终没有再找到。

查揆的三首诗叙述的就是桃花源记这一故事，不过查揆采用的是以武陵渔人与桃花源中的隐者为主人公进行对话的形式。第一首诗讲述的是武陵渔人误入桃花源后经历了许多闻所未闻的事，桃花

◎　孤山上青苔闲落花

源的隐者对于汉代的铜钱和秦朝的麋鹿都一无所知，渔人深深感慨，这溪上一别后，不知何时才能再相见。

第二首诗讲述的是隐者送渔人出洞。"浊酒呼君话隐沦"，两人性情相合，交饮畅谈，这里的人多饮村里自己酿的浊酒，朴素自然。只是夕阳将至，无奈只能就此分别。

第三首诗是渔人再次到桃花源，却再也找不到隐者。"鸡犬似将生客避，桃花已当外人看"，渔人再次到了武陵滩，只是物非人非，桃花林的鸡犬不见踪影，桃花都把自己当作陌生人来看待，早已不认识昔日的自己，而至于隐者身在何处，也始终没有遇到。

查揆的七律文采十分自然，三首诗没有过于晦涩华丽，行文流畅，没有精雕细琢的痕迹，反而与桃花源中质朴的语境很相符。

自课文"履霜"与"礼霜"

自课文是老师自己写的课艺诗文，有自我考察之意，也有给学生示范之用。在精舍文集中，有专门选录自课文的部分，但未注明作者。

《〈周易〉"履霜"郑读"履"为"礼"解》：

《坤》初六："履霜坚冰至。"《释文》曰："履，郑读履为礼。"夫履霜之文，明白易解，读"履"为"礼"，于义何居？学者疑焉。不知此正古经师之遗言，圣人作《易》之法在是，后人读《易》之法亦在是，不可不察也。《礼记·郊特牲》篇曰："礼由阴作者也。"《白虎通·礼乐》篇曰："礼者阴也。"又曰："礼法阴也。"是礼之属阴，古义如此。《大戴记·曾子天圆》篇曰："阴气胜则凝为霜雪。"《诗·蒹葭》篇"白露为霜"，《毛传》曰："白露凝戾为霜，然后岁事成。"是霜与露本为一物，阳气盛则流而为露，阴气盛则凝而为霜。《象传》曰："履霜坚冰，阴始凝也。"明以"阴"字释"履"字，"凝"字释"霜"字。然履无阴义，必破为礼，然后有阴义。经不曰"礼霜"而曰"履霜"者，礼霜不辞，必借"履"字而后成辞也，故以辞言之，则"履"是本字，以义言之，则"礼"是本字。郑君读"履"为"礼"，所以释其义也。愚尝谓"丧羊于易，丧牛于易"，两"易"字，于文为"疆易"之"易"，于义为"变易"之"易"。"其君之袂，不如其娣之袂良"，两"袂"字，于文为"衣袂"之"袂"，于义为《说卦传》"《震》为决躁"，"《兑》为附决"之"决"，详见《群经平议》。而于郑君读"履"为"礼"，犹未得其故。今深思而得之，故特箸其说。得此说而推之，学《易》之法，思过半矣。[1]

此文是要考生阐述郑玄将《周易》中的"履霜"读作"礼霜"的原因。要论述这一考题，需要先从"履"和"礼"这二字在历史先河中的发展演变说起。此文先将《周易·坤》卦中的原文呈现，即"履霜坚冰至"，进而又引《经典释文》中郑玄将"履"读作"礼"的事实一并交代。

接着才是正式的论证。《礼记·郊特牲》《白虎通·礼乐》两篇文献中均有提到礼的含义，即"礼"与"阴"同义。也就是说，古义中的"礼"可等同于"阴"。随后列出《大戴礼记·曾子天圆》《诗·蒹葭》中关于霜的内容，由于古时霜与露是同一物，阴气旺盛就会使露凝而为霜。《象传》曰："履霜坚冰，阴始凝也。"那如何解释此条文意呢？因为履本无阴这个意义，因而借用礼来解释，于是"履霜"就被读作"礼霜"。这种方法称作易字法。最后总结郑玄读"履"为"礼"是有原因的，而这种易字的方法也是读书做学问的一部分，应当涉猎精通。

此篇文章逻辑十分严密，从原文呈现至考证辨析，一步一步推进，且论证有据可依，每一处作者判断总结的观点都非主观臆测，也是汉学诂经的学术要义。从中我们也可领略，诂经精舍考课的严谨和规矩，这是读书人不可或缺的治学真谛。

1　刘颖主编：《西湖文献集成续辑》第 15 册，杭州出版社，2016年，第 346 页。

第六章

岁月流淌·山长往事

山长、监院与往事

西湖边的诂经精舍，是晚清读书人心目中的圣地。

但我们千万不要一下陷入"一帘晚日看收尽，杨柳春风百媚生"这样优美浪漫的遐想之中，因为既然是学校，就有严谨有序的管理制度，而由哪位人物统筹管理呢？

山长和监院。

山长就是书院的院长。由于早期书院大多建造在山林之中，而书院的领袖，就仿佛一山之长，于是人们就把书院的最重要领导人称呼为"山长"。

山长，也叫掌教、主讲或院长，一般由当地巡抚聘任。徐雁平老师在《诂经精舍：从阮元到俞樾》一文中，曾整理过诂经精舍的历任山长，我们将这些曾为精舍做出过重要贡献的核心人物一一展现出来：

王昶，字德甫，江苏青浦人，乾隆十九年进士。
杨芳灿，字香叔，江苏金匮人，乾隆四十二年拔贡。
孙星衍，字渊如，江苏阳湖人，乾隆五十二年进士。
秦恩复，字近光，江苏江都人，乾隆五十二年进士。
赵坦，字宽夫，浙江仁和人，嘉庆诸生。
沈丙莹，字菁士，浙江归安人，道光二十五年进士。
俞樾，字荫甫，浙江德清人，道光三十年进士。
杨泗孙，字钟鲁，江苏常熟人，咸丰二年进士。

颜宗仪，字挹甫，浙江海盐人，咸丰三年进士。

陈寿祺，字子谷，浙江山阴人，咸丰六年进士。

谭献，字仲修，浙江仁和人，同治元年举人。

黄体芳，字漱兰，浙江瑞安人，同治二年进士。

汪鸣銮，字柳门，浙江钱塘人，同治四年进士。[1]

　　需要修正一下，陈寿祺并非浙江山阴人，获进士那年不是咸丰六年（1856），而是嘉庆四年（1799）。仔细看这份名单，阮元其实没有列入其中。阮元虽然创办了诂经精舍，但由于他时任浙江巡抚，因此单独聘任了乾嘉之际两位著名的汉学家王昶、孙星衍为主讲，辅佐自己于精舍的授课。关于孙星衍主讲诂经精舍的事，《阮元年谱》中记载，嘉庆五年（1800）三月，孙星衍受聘于阮元幕府，先主讲于绍兴的蕺山书院，不久后又主讲于诂经精舍。[2] 每个书院情况不同，阮元在广州设立的学海堂就没有设山长，而只设两位学长；精舍重建以后，同样也没有设立山长，只设高锡蕃、陈其泰两位学长。

　　山长之下是监院，监院职长教课，亦称学长，一般也由巡抚委任。监院是书院里的提调人物，比较像我们现在学校中的教导主任，属于实际管理书院一切事务的人物，诸如处理肄业生的食宿、试卷的制备、膏火奖金的收支发放以及书院中其他临时出现的各种状况。倘若山长不在校舍，那么监院便起到了统筹的作用。监院的任免难度不亚于山长的选用，担任监院者必须品行端正且做事细心、认真负责方可。

　　诂经精舍历任监院有哪些人物呢？

　　1　徐雁平：《诂经精舍：从阮元到俞樾》，见南京大学古典文献研究所编：《古典文献研究（第十辑）》，凤凰出版社，2007年，第254—255页。

　　2　王章涛：《阮元年谱》，黄山书社，2003年，第203页。

从诂经精舍的历卷文集中找到部分监院的名字，由于每一集的刊印都需有山长编订，再由监院校刊，所以监院的信息可以从文集中找到一二。《诂经精舍文集》是阮元亲自手订，没有见到监院的身影，在道光二十二年（1842）刻本，同治十二年（1873）重刻本《诂经精舍文续集》中出现了两位监院的姓名，文中称其为“监课诂经精舍学长二人”：

高锡蕃，字己生，乌程人，癸酉拔贡，辛巳、乙未副贡，丁酉举人。

陈其泰，字琴斋，海盐人，己亥举人。

《诂经精舍三集》因为是分年所刻，先后所录监院共六人。其中同治七年（1868）监院为周成谟、孟沅；同治八年（1869）监院孟沅、章濬；同治九年（1870）监院孟沅、陈谟、沈壬林、沈灿。

周成谟，字佑文，号慕陶，仁和人，道光十七年举人。

孟沅，山阴人，咸丰二年举人。

章濬，字轮香，余杭人。

陈谟，字福谦、懋斋、竹川，新昌人，光绪十一年举人。

沈壬林，德清人，增贡。

沈灿，字兰舫，仁和人。

《诂经精舍四集》光绪五年（1879）盛夏刊刻，中冬毕工，所录监院章濬、陈谟、高学治、朱彭年、胡凤昌、张凤冈、孟沅、沈灿。

高学治，字宰平、叔荃，仁和人，贡生。

朱彭年，字仲铿、苹潜，号春渚草堂居士，富阳人，同治六年解元，光绪二年进士。

胡凤昌，字芸谷，余姚人。

张凤冈，山阴人。

《诂经精舍五集》光绪九年（1883）正月刊印，监院沈灿、许祐身、王同。

许祐身，字芷沅，号子原，仁和人，同治十二年举人。
王同，字肖兰、同伯，号吕庐，仁和人。

《诂经精舍六集》光绪十一年（1885）刊印，监院王同、许祐身。

《诂经精舍七集》光绪二十一年（1895）刊印，监院吴受福、孙树礼。

吴受福，字介兹，号琏仙，嘉兴人，光绪五年举人。
孙树礼，字公覆，号和叔，余杭人，光绪十一年举人。

《诂经精舍八集》光绪二十三年（1897）八月刊印，监院许祥身、周元瑞。

许祥身，仁和人，拔贡。
周元瑞，字紫筠，号子云、澹斋，仁和人，光绪二年举人。

一般来说，山长只聘请一人，监院则二位、三位有时许多位不定，而且监院也有一人兼任多所书院的情况，比如陈其泰兼理诂经精舍和紫阳书院。

精舍的山长、监院的任期没有定数，少则一年，多则十年，甚至如俞樾一样31年，但这样久的山长历史上比较少见。清代书院的山长选聘，一般由官府任命或推荐。通常省会的书院，山长也多会聘请进士来担任，诂经精舍在选聘山长时，也会更多考虑靠近精舍办学理念的人。

为书院的学生亲自授课，是山长不可推脱的工作。

许多书院山长都很重视讲学，自己备课、授课，更是他们传道受业解惑的最主要责任。其实当今许多高校、中小学校的校长也同样会腾出时间给学生上课，因为在他们看来，课堂是最有生命力的。而在过去，书院山长为学生授课，更是亲力亲为。

阮元掌教诂经精舍时，虽然浙江巡抚公务繁忙，但他仍十分重视与学生讲课的过程。在平时的授课过程中，阮元应是常常讲到关于"文笔论"的内容。所谓"文笔论"，阮元认为"文"在形式上需要具备声韵、性情、排偶这三个特点，与当时人们普遍认为古文的"文"的意思不同，更接近于骈文。他说：

凡文者，在声为宫商，在色为翰藻。即如孔子《文言》"云龙风虎"一节，乃千古宫商、翰藻、奇偶之祖；"非一朝一夕之故"一节，乃千古嗟叹成文之祖；子夏《诗序》"情文声音"一节，乃千古声韵、性情、排偶之祖。吾固曰："韵者即声音也，声音即文也。"[1]

而什么是"笔"呢？就是不讲究太多用韵和辞章，不重视文采的直言叙述就是"笔"。在这里，阮元所提倡的是希望能在文学领域继承并发展六朝时期的骈文正统，这与他注重考据经典和辞章之学是统一的。

若翻一翻《诂经精舍文集》里阮元曾为学生先做的那些程作，"文笔论"的体现一目了然。比如《焦山旧藏周鼎，今以西汉定陶陵鼎并置焦山，诗以纪事》此篇，阮元的文笔相当讲究。阮元在诂经精舍的日常考课，也会涉及关于文笔的题目。

---

1 阮元：《文韵说》，《揅经室续集》卷三，中华书局，1993 年，第 1066 页。

容肇祖在《学海堂考》中说："阮元于学海堂课，每亲自命题，如《学海堂文笔策问》，见《揅经室集》三集卷五。是为他提倡骈偶体的见解的表见。这种提倡，亦近于偏歧的嗜好，然而在学海堂中，影响亦不算少。"

阮元的儿子阮福在《学海堂文笔策问》一文中就谈道："家大人开学海堂于广州，与杭州诂经精舍相同，以文笔策问课士，教福先拟对。……家大人以为此可与《书文选序后》相发明也，命附刻于《三集》之末。"

题目是这样的：

六朝至唐皆有长于文、长于笔之称，如颜延之云"竣得臣笔，测得臣文"是也。何者为文？何者为笔？何以宋以后不复分别此体？

尽管诂经精舍文集里没有当年的这些考课题目，但学海堂如此，精舍不会不同。通常要让学生考试，至少老师在平日里授课就会讲到，所以阮元掌教精舍期间，应该是将他"文笔"的骈文思想渗透到精舍学生的头脑中了。学生在老师的教导下渐成精神厚实的学术功底。学生胡敬的课艺常出现在文集中，如《重修曝书亭记》一文，洋洋洒洒几百字，可谓美文经典；还有张鉴的文章《第一楼赋》也相当不错：

伊古训之将湮，赖扶植于明良。仿先民之讲说，立精舍而式臧。得爽垲于远渚，遵秋水之一方。既锄茅以筑室，复薙草而开堂。邃蜿蜒以修弄，疏洞达以启窗。允轩敞而晾旰，用浏滥而傍徨。贮美目以远睇，亦登楼而遥望。其楼也，不广不狭，非丽何侈。高甍崔巍，飞宇爰启。藻棁波谲，芝栭云诡。阴虬上负，阳马下止。欂栌相承，栾栱交绮。浮柱昭嵽以星悬，文梁偃蹇以虹指。扶楣翼张以鸟革，天窗辚举以远崂。循梯桄以径度，羌徘徊而上升。既登降而周览，目愕眙而经营。拖虹霓于栏楯，列瑶光于绮櫺。挹流瑕之朝爽，吸翠气之清泠。……

当是有阮元之先教，才有学生如此雕琢之文采。可惜我们只能看到文集最初的一些精选，阮元离浙后，就没有再出他教课时候的文集了。也因为诂经精舍创立的首要目的是从事经学教学，所以考据方面的课作会多一些，文学题目就很少，诗歌创作多集中在"卷十三""卷十四"中。

山长除了亲自授课讲学以外，还会为学生准备一些必读书以供阅读，为学生制定相关的学习课程，这是在阮元时就留下的好传统。

嘉庆时期阮元任浙江巡抚的时候，并不独为诂经精舍吸纳人才。他有巡抚应当承担的各种责任，虽然内心偏爱精舍，但也会考虑其他书院的成长，他邀请当时极负盛名的段玉裁、臧庸、顾千里等学者大师来精舍讲学，指导学生进行学术研究的同时，也不忘让大师们坐讲于其他的书院。

历任山长中的一位陈寿祺就是这样特别的一位。陈寿祺（1771—1834）是福州闽县人，字恭甫、介详、苇人，号梅修、左海，晚年自号隐屏山人。陈寿祺生在真正的南方，那里雨量充沛，是滋养人的地方。他19岁中举人，嘉庆四年（1799）获二甲进士。很有缘分的是他的副考官正是阮元。据说，当年陈寿祺的答卷是被阮元识中而力荐，他才得以获进士的，后被授以翰林院编修，于是往后两人多了更深厚的道义学术之交。

陈寿祺原本应该做着编修的事，但谁料嘉庆六年（1801）家乡遇上灾荒，他放下手头公务回家照顾两位老人。嘉庆六年至七年（1801—1802），时任浙江巡抚的阮元得知寿祺已回到南方的事，因王昶、孙星衍已离开精舍，便邀请他来杭州敷文书院和诂经精舍做主讲。这样一讲，大约有两年。

陈寿祺受阮元之邀，还有另一个事，便是参与群经古义《经郭》的编写。阮元曾在任山东学政时编写过《十三经经郭》，"十三经"最初不是阮元的首选，他想要做古学之研究，必然想遍修群经，但工程庞大无边际，他只能先从十三经开始做起。

《阮元年谱》记载，嘉庆六年（1801）陈寿祺离京南归，八年（1803）冬还朝。阮元在《海塘揽要序》中自述嘉庆六年至七年（1801—1802），邀请寿祺入其幕，从事文教和编书事。[1] 于是陈寿祺主讲诂经精舍期间，也与阮元编纂《经郭》一书。《经郭》一书共百余卷，编得十分辛苦，直到嘉庆十六年（1811）四月，才全部完成。陈寿祺没有参与此书的全部，但他为其所草拟的《经郭条例》很有价值。

此后陈寿祺离开杭州，也不再担任诂经精舍山长。至于再后来，陈寿祺因在京城做事而错过向双亲尽孝，直至父亲去世，悲痛万分的寿祺决意辞官，再也不出仕，将心思全部用于学术。于是嘉庆十八年（1813）开始，他先后主讲于福建泉州的清源书院和福州的鳌峰书院，直至离世。

杨芳灿（1753—1816），字才叔，号蓉裳，江苏金匮人。乾隆丁酉年（1777）拔贡获一等，得到朝廷任用，去往甘肃任职。杨芳灿在地方治理上很有声誉，得到百姓的认可，但他的诗词才华更为出众，有《芙蓉山馆文钞》《芙蓉山馆诗词钞》问世。在入诂经精舍之前，他还被四川锦江书院聘为山长，前后有五年时间。他还任过衢州正谊书院、关中书院的山长。

书院需要领头雁，山长的水平高低几乎可以决定一所书院能否走得长远，而这水平不仅是管理水平，而且包括他的学术水平、德

1　王章涛：《阮元评传》，广陵书社，2004 年，第 243 页。

行品行。诂经精舍的山长们虽然任期有长短，但他们的品行与才学，都是为时人所认可的。

每个时代都有它精神特质的象征，若以书院为观，真是再鲜明不过了，一所书院尊奉怎样的先贤，持怎样的思想观、学术观，便体现了怎样的书院精神，而书院的精神便是它所理解的时代精神。于此观照，诂经精舍坚持偏重汉学，在许慎、郑玄之神像的供奉上，其反映的时代精神早已昭然天下了。

胡适先生曾在东南大学作过题为《书院制史略》的演讲，谈中国书院的历史和书院的精神。他说，中国的书院与美国当时最盛行的道尔顿制实证研究很相似，它讲求代表时代的精神、讲学与议政、自修与研究。胡适尤其认为，书院真正的精髓是自修与研究，书院里的学生无一不有刻苦钻研的态度，诂经精舍是代表之一："在清朝时候，南菁、诂经、钟山、学海四书院的学者，往往不以题目甚小，即淡漠视之。所以限于一小题或一字义，竟终日孜孜，究其所以，参考书籍，不惮烦劳，其自修与研究的精神，实在令人佩服！"

2016 年，位于山东曲阜的尼山书院举办了一场山长聘任仪式。山东省政府聘请"尼山世界文明论坛"创始人、第九届和第十届全国人大常委会副委员长、著名语言学家许嘉璐先生担任尼山书院山长。尼山是孔子诞生地，始建于元代的尼山书院历史悠久，而至今仍然保留着七百年的书院文化，许嘉璐先生在受聘仪式上说，书院曾是研修儒家思想的重要场所，当今时代需要激活和弘扬优秀传统文化，从中汲取营养，让古老的书院焕发青春，让藏在图书馆里的文献典籍通过书院走近百姓，实现优秀传统文化的创造性转化、创造性发展。许嘉璐先生的话，说出了当今书院的心声，即中华优秀传统文化需要不断被今天的人们所理解、所喜爱。

书院以什么方式走进现在人们的视野？这个问题也是教我们思考如何将优秀传统文化传承下去。杭州的许多中小学现在仍在做一些值得被历史所记住的事情，一年级的小朋友新生入学礼推行"文化国潮"，换上学服，点上朱砂，描红开笔，从此踏上求学之路。看着这些稚嫩的孩子以古朴的方式纯真快乐地上着新生第一课，我仍然十分坚定地认为，中华优秀传统文化是需要被这样完成的，仪式虽然是一种外在表现形式，但是又有着另外一层深刻的意义，它向孩子展示了先人勤勉治学的模样。

书生英雄与鹿鸣宴：阮元

红藕花中阮公墩

"阮元"的名字第一次出现在《杭州市志》卷一中，应是嘉庆二年（1797）。记载说："浙江学政阮元选各府高材生，在西湖孤山编纂《经籍籑诂》，次年成书，计116卷。"

其余有两例。嘉庆五年（1800），"浙江巡抚阮元疏浚西湖，堆土成墩，后人称阮公墩"，这是其一；另一例则是嘉庆六年（1801），"阮元在杭州孤山创立诂经精舍，收士子入学"。

三例史料看似比较单薄，但如果这样说，在《杭州市志》的第一卷里，关于清朝嘉庆帝在浙江尤其是杭州的大事年表，仅仅只有记载这三例的话，是不是意义就完全不同了呢。

嘉庆帝在位的25年里，杭州时事风云变化又怎会少过？而阮元在杭州任职的十余年间，显著功绩远远不止这三件，至少应有一半"武将"的事业功绩是没有添上的。那么，就此分量其实说明了，他在人们心目中树立起的形象更多的是他为百姓保障民生、做好实事的一面。

关于他是如何组织学者编纂《经籍籑诂》一事，前文已述，这件事我以为是阮公作为浙江学政到杭州所做的第一件很有影响力的事情，于是才有了诂经精舍的50间房舍。

第二件具有影响力的事，是三年以后他到杭州任巡抚，其间不辞辛劳疏浚西湖，并筑出一座湖中小岛，后人喜欢称之为"阮公墩"。

阮元一生经历了乾隆、嘉庆和道光三任皇帝，并始终被君主信赖，亦深受人民的爱戴。他出生于武将世家，但学问才华都很高，为人谦逊正直，先后在礼部、兵部、户部、工部供职，出任过山东学政，浙江学政，浙江、江西、河南巡抚，以及漕运总督、湖广总督、两广总督、云贵总督等，怎样看，都是一位全才，一位调度治绩能力出众的官员。因此在杭州的这些年里，阮元为杭州人民留下的这几笔珍贵的财富。

可是刚来这里不久，为何就要修筑小岛呢？

《西泠怀古集序》里，阮元自述了此中渊源，他说：

北山至南山，相距十里，湖面空旷，三潭以南，遇风作，无停泊处。适浚湖，因仿坡公筑堤之法，积葑为墩，为游人舣舟之所。郡人植芙蓉其上，呼为阮公墩，以比安石东山，则余不克当也。

古字真是好多看不懂，比如这"舣"，词典里说是"停船靠岸"的意思。郡人将此处呼作阮公墩，来与谢安东山相比。阮公惭愧，笑着说自己不敢当，哪里好不敢当，明明是真的好听又实至名归。

后世有位论诗的顾随先生，他说："诗人、哲人是郑重生活的人，他们追求的是美，而得到的也许是丑；所追求的是完整，而得到的也许是破碎；所求是调和，所得也许是矛盾。"尽管我想，阮公并没有真的得到许多丑的，破碎的，矛盾的，但他对生命里交给自己的任务没有二话，全然是郑重生活的人。

当时的美丽西子湖，湖心已有两座美丽的孤岛——小瀛洲与湖心亭。

◎ 西湖

◎ 西湖泛舟

　　小瀛洲也称三潭印月，有比较完整的一片水面陆地，水连着岸，岸牵着水，湖中还有三座亭亭玉立的小石塔，与湖心亭相映成趣，宛若有一种"明月照积雪"的意境。

　　岛中景色旖旎，岛中行人心境清净疏朗；但仍然是孤单的，两两相望，好像牵手不得的一对有情人，反而多出了许多感伤，好像确实是如此。

"湖面空旷，遇风作，无停泊处"，阮公一点也没有说错。一次为了静看冬天的黄昏，我租下一只小舟往湖心漂去，湖是真大，人在湖中，更觉得大无边际，人愈发渺小，四五点钟的时候西风吹起，湖面吹开一层层细碎闪闪的波纹，人虽然也醉在其中，但风吹斜了小舟，仿佛也一口能将人吹走。

好在苏轼有过治理经验，阮元便夜以继日地翻阅过去的资料，毕竟距离雍正时的浙江巡抚李卫治理西湖，已经过去近 80 年，湖中的淤泥情况如何，都需勘察调研给出一个具体的办法。

由于常年没有治理，百姓日常生活和往来交通又离不开西湖，因此湖中长满了葑草，杂物又堆满在湖中，导致西湖的水不通不顺不畅。但凡遇到夏季下暴雨，百姓最吃苦头，常常是水淹到家里，有的居民根本无法生活；再加上一旦有了灾情，很容易惹出瘟疫，居民用水饮水若不循环，那么西湖就成了病源，成了人间水上的荒唐世界，怎么办才好呢。

阮元挑灯夜读史料，得知苏轼当年也遇到了同样棘手的问题。苏轼任杭州通判时，西湖已经成了不流动的静湖。湖里葑草蔓生，一块一块将西湖占领，使得西湖的水域空间越来越小，十多年过去后，湖面已经缩小近一半，这虽然都因湖中闲草而起，但根本原因还是没有及时疏浚。后来苏轼痛下决心，定要为百姓完成这件民生实事。元祐五年（1090），苏轼抽调民工五百名，动手将湖中葑草连同湖中淤泥一并挖出迁走，可迁到哪里呢？苏轼猛然想到：为何不将废料全都还给西湖？于是他率人筑起一座长长的湖堤。

同样面对这"不争气"的葑草，其实也未必不能将其妥善利用。虽然葑草不像顽固的水泥，但也能暂且与淤泥一同填埋，如果容量足够，建起湖心的第三座小岛，与他那两座相映成趣拼成一个"品"字，不也是一个办法吗？

如此，仙人所向往的蓬莱三岛的境界也有了。

经过反复的计算、核算，阮元预计这个挖掘工程需要耗费四千多两钱银，便写好关于整治的利害，上书嘉庆帝。得到谕令后，阮元马上召集民工部署方案进行治理。对于阮元能够驾轻就熟地指挥水利建设这么专业的工作这一点，我从心底里升起绝不平凡的敬意。

阮公墩上有云水居，叫作环碧小筑。好雅的名字。阮公墩其实还有更雅的别名，即西湖新十景之一的"阮墩环碧"。有阮公自拟楹联为证："胜地重新在红藕花中绿杨阴里；清游自昔看长天一色朗月当空。"读完楹联，我不觉喃喃感慨，这分明是一位有诗心的浪漫才子。

阮公祠里的书生英雄

阮元 5 岁念书，26 岁中进士，为官长达近 60 年。在车和马都慢的岁月里，皓月当空时，繁杂琐事那么多，他仍然在日月星辰下一件件地落实，掷地有声地落实。我想人们为阮公建祠堂、建石碑，是因为一个词——英雄。

《西湖志》有"阮公祠"的记载，上面说：

在吴山右，宝莲山上，重阳庵旧址。《杭都杂咏》："阮文达公祠，在宝莲山重阳福地，祀故太傅大学士前浙江巡抚阮元。光绪中有司建祠于此。凡吴山道院、重阳庵、青衣洞、阅古泉诸胜迹皆属焉。"[1]

1　施奠东主编：《西湖志》卷十二，上海古籍出版社，1995 年，第 679 页。

我不清楚这宝莲山是杭州的哪一座山，重阳庵也已经不在，但阮公祠今天成了杭州市文物保护单位，就在吴山的元宝心位置。

阮公祠前立着一块石碑，上面刻有红色的字"阮公祠重阳庵遗址摩崖"。石碑背倚着高大的青石山岩，岩石上分散着刻有三处字样，一共14个字，"吴山福地""十方大重阳庵""青衣洞天"，还有其他一处"全真"的石刻，青墨的字迹工工整整，远远便能望见。

据"重阳庵遗址"的游客导览牌介绍，原来这石壁上的14个字，是元代时期道教第38代天师张与材所书。张与材，号广微子，祖孙三代都是道教天师。元大德年间，道士冉无为云游于吴山，见这里潇洒一片天地，竹林茂密，山岩古朴，真是大隐于市的最好之地，于是在此处建起一座重阳庵。

可惜到了咸丰年间，重阳庵被太平军的战火所毁，直到光绪六年（1880），杭州为了纪念阮元，就在重阳庵旧址重建了阮公祠。今天的"阮公祠"牌匾是康有为所书，进门拾级而上，建筑朴拙而古韵深厚，这就是阮元一生质朴为公最直白的表达。

祠内有一副长联，曰：

殊遇纪三朝，入翰苑者再，宴鹿鸣者再，综其七年相业，九省封圻，想当日台阁林泉，一代风流推谢傅；
宏才通六艺，览词章之宗，萃金石之宗，重以四库搜遗，百家聚解，到于今馨香俎豆，千秋功德报湖山。

上联写的是阮元在政治使命下所做的主要功绩，下联更多描述的是他为弘扬学术、传承经史文学的实践和贡献。这样从事功和文章两方面概括了阮元的一生。

金石之爱，民生之根，阮元的肩上始终扛着两大重任。也许是阮元的文武功绩实在太过瞩目，而使我们忽略了他其实还是一位才情才气俱佳的诗人。阮元诗文见于《定香亭笔谈》《小沧浪笔谈》以及《揅经室集》的一部分等。尤其他在杭州任学政、巡抚时，与友人雅聚践行的事，亭台楼阁落成的事，书院精舍研修经史的事，都被他写入诗中，为杭州的晚清历史实在增添太多的浪漫。

嘉庆三年（1798）的暑末初秋，阮元学政任期将满，同人在西湖为其赋诗践行。阮元赋诗记录此事，并作诗赠予诸位友人，友人们也赠阮公送行诗。阮元作《秋日任满还朝，同人饯于西湖竹阁，赋诗志别》。谢启昆作《和芸台先生留别之作》："螭头舫子映秋山，别意湖波浩渺间。青琐白云卿月迥，黄花细雨使星还。鸿泥偶尔留新迹，竹柏依然照旧颜。白傅重来苏再至，先生应不恨缘悭。"

秦家五字剧纵横，曾出偏师陷长卿。
寄语苏州漫相许，语儿还有小长城。（《赠吴鉴人曾贯》）

清名即是长年诀，当世应无未见书。
何处见君常觅句，小阑干外夕阳疏。（《赠鲍以文廷博》）

雨后清溪绕屋流，藤床著膝看鱼游。
先生竟似陶贞白，万卷图书不下楼。（《赠朱朗斋文藻》）

却因风水常多病，不为清狂始咏诗。
一种闲情谁解得，夕阳林外读残碑。（《赠何梦华元锡》）

清声无奈左雄知，老恋林泉未肯离。
若论不求闻达好，此人曾赋却征诗。（《赠何春渚淇》）

白发吟诗独闭关，著书常被八人删。
龙泓未见山人癖，别起书堂又抱山。（《赠朱青湖彭》）

中法原居西法先，何人能测九重天。

谁知处士巾山下，独闭空斋画大圜。（《赠周朴斋治平》）

谁是齐梁作赋才，定香亭上碧莲开。

梧州酒监秦淮海，招得青田白鹤来。（《赠端木子彝国瑚》）[1]

以上赠诗均收录在《揅经室四集》，卷卷诗意，拳拳诗心。诸位友人感慨于先生对于自己读书治学、为人处世的指点，在他们的眼中，阮公既是一位能赏识人才的仕途前辈，更是心意相通的莫逆之交。

袁钧在《送举主浙江学使少宗伯阮公还朝叙》中评价阮元，说："阮公在浙江视学的三年，亦是令浙籍学子沐浴先生教泽的三年，先生所学无所不通，而最精深于经学。先生每每说经授课，总是沿袭先人旧训，旁征博引，谆谆教导弟子治学严谨。先生选取士子不拘泥于一格，往往看重学子端正的品行，若是有一些天文、地理、数学或词章、书画方面的任意特长，先生也都十分愿意录取。因而使浙江一方的读书风气浓厚不少。"

一场鹿鸣宴

三朝大臣、翰林院编修，这些我们都已略知一二，可是这"鹿鸣宴"又是怎样一回事呢？这还得从科举考试说起。

旧时科举考试后，州县的长官会宴请主考官、学政以及中式考生，宴会中，由于要歌咏《鹿鸣》诗，因此又称之为鹿鸣宴，作为

1　王章涛：《阮元年谱》，黄山书社，2003 年，第 162 页。

典型的表彰和最高荣誉的象征。

"呦呦鹿鸣，食野之苹。我有嘉宾，鼓瑟吹笙。……"

《鹿鸣》是《诗经》里《小雅》的第一篇诗歌，写的是在原野山林中有一群欢快呼鸣的野鹿，它们悠然自得行步于天地自然之间，它们灵动，也很友善，吃着田野上的艾蒿和芩草，自由自在徜徉。君王十分重视贤才，便邀请新考中的举人与自己一同宴饮。

到了清代以后，还有"重赴鹿鸣宴"的礼仪。南开大学的赵永翔博士在《清代"重赴鹿鸣宴"制度》里介绍了当时如何实行这一制度的一段历史。鹿鸣宴是没有什么变化的，主要是"重赴"二字。在嘉庆时期，除了考试中举的新人可以赴鹿鸣宴之外，同席的贵宾还有昔日中举满60年的老举人，换句话来说，新老举人可以一同赴宴，接受皇帝的恩泽。新举人倒是没有什么变化，只是这老举人赴宴，须满足一个十分有难度的条件："乡会试中式届周甲之期"。年少时曾经考中举人，若60年以后的这一年，刚好也有乡试，那么可以准许重赴鹿鸣宴。但这一条件被人们认为太过苛刻，扳指算一下，20出头考中举人，60年过去，这人总要八九十岁的高龄了，身体是否健康呢？

据历史记载，嘉庆十五年（1810），还真的有两位德高望重的老举人被恩准重赴鹿鸣宴。一位是84岁的赵翼，一位则是写下著名散文《登泰山记》的安徽桐城派领袖姚鼐，他那时也已经80岁了。

阮元也有此殊荣，道光二十六年（1846），当他重赴鹿鸣宴时，正值83岁。那年的鹿鸣宴前夕，道光帝拿到地方巡抚上奏的人选，打开奏折一看，名单上竟有阮元的名字，心里十分高兴，就下了一道谕令："致仕大学士阮元品端学醇，勋勤懋著。现在年逾八秩，重赴鹿鸣，洵属熙朝盛事。着加恩晋加太傅衔，准其重赴鹿鸣筵宴，并在籍支食全俸。"[1] 道光帝不仅赏赐阮元加以太傅的职衔，还将他的退休金改为全俸。这几乎是当时最高的嘉赏了。

而这便是阮公祠那楹柱上"宴鹿鸣者再"的意思了。

灵隐书藏与焦山书藏

阮元在杭州所做的第三件很有影响力的事，就是创立诂经精舍。但其实除精舍之外，阮元还为学术做出许多其他的贡献，比如建立书藏，就是我们现在所说的公共图书馆。

嘉庆十四年（1809），阮元在杭州的灵隐寺建造了灵隐书藏，四年以后，他又在江苏镇江的焦山建起第二座书藏，史料上有记载的较为著名的就是这两处。

民国七年（1918）的九月，暑气未歇，剃度出家已有两个月的弘一法师到灵隐受戒，其间细读了《灵峰毗尼事义集要》和《宝华传戒正范》，不禁悲欣交集，发愿要让佛教律学延续下去。是不是因为人们都爱灵隐清净祥和，这里才成了与时间最接近的地方？阮元也爱这寺院的泠泠清泉和甘甜的竹露，于是他把珍贵的书籍带进了这里。

唐朝诗人张籍是我很喜欢的一位诗人，他在杭州停留过一段时间。他在诗里写道："夜向灵溪息此身，风泉竹露净衣尘。月明石上堪同宿，那作山南山北人。"诗的题目不小心暴露了那天的行踪，诗题为《宿天竺寺，寄灵隐寺僧》。灵隐的钟声，在山峰云雾间，

1　奎润等纂修，李兵、袁建辉点校：《钦定科场条例》，岳麓书社，2020年，第782页。

第六章 ∕ 岁月流淌·山长往事

◎ 山寺

在白云青峦里，缭绕了几世春秋。

天竺寺与灵隐寺的距离不算太远，一条天竺路可以把两个端点的时间黏合在一块。经过灵隐寺那块写着"咫尺西天"的照壁，往东南门口出来，沿着天竺路步行道，往南方去，一路沿着小径，两旁全都是热闹的古玩店和素馆，满目人间烟火。

有时无事可做，索性起身去走天竺路。十多年前的上天竺法喜寺远远没有现在这样火爆，现在偶尔去转转，场景也往往令人吃惊。尤其是周末，那里几乎被举着相机拍照的年轻人占领，成了新晋网红打卡地。想起过去，要走着没有石板的泥路去寻找一块"三生石"，得花费不少的力气，而现在不用大家提醒，远远就能望到，山坡上挂满着红色祈福牌子的就是。

天竺路上有一家秀雅的素馆，叫作"知竹"。素馆有个露天小院子，过腰的栅栏，高大的芭蕉叶，还有沙地和石灯，很有江南一

◎　知竹

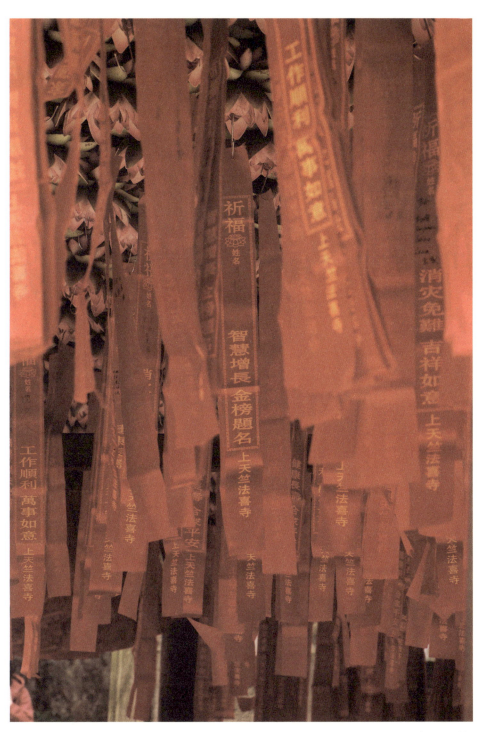

◎　世人的所信所愿所牵挂

派小园林的气质。不过它不卖竹子，取的是谐音"知足"。招待柜台上吊着一块块小竹片子，上面用墨素素雅雅地写着一道道的菜谱，什么生煎素饺，般若米花，牛肝菌面，香椿拌面，翡翠馄饨……念着这些琳琅满目的名字，仿佛吃饭也浑然多了些美妙的意境。

两年前的一个夏夜，我到这里堂食，那时的墙上挂着这样一幅大字：知足者富。那天的夜有清亮的月，小院安宁，松柏与石灯阒静对影，让我想起刘方平的两句诗，"万影皆因月，千声各为秋"。世间万物的影子都因月而生，虫声鸟声各种各样的声音也都因彼此对秋的不同感知而发生。好诗配以好夜，又混合着素面的清香，烦乱的心仿佛马上被洗净了，被洗得透通。直到前些天再去，店里热闹，芭蕉叶下灯火隐约。遗憾的是，"知足者富"被换上另外四个字"真水无香"。

江声古寺，我只知道，在相识天竺那么多年来，沿着少有分岔的中法路无数地来回，在三座天竺寺院之间，触摸着沿途峭壁古老的青苔，记忆从来没有褪色过——哪有"归心不可到"之理，心所至处，便是生命所及处啊。顾随先生说："凡有所成就的都在某个条件上有知足、知止，不是完全知足、知止，完全知足、知止，那不是死了吗？"

在学术事业上，阮元一直是不知足，也不知止的。

在《杭州灵隐书藏记》里有阮元为何在此设书藏一事的记载。嘉庆十四年（1809），阮元再次任浙江巡抚，一次，他与顾宗泰、陈廷庆、石韫玉、郭麐、何元锡、刘春桥、顾翰、赵魏等友人约好同游灵隐寺。席间，不知是谁起头谈到了收藏翁方纲《复初斋集》的事。翁方纲与阮元是同辈人，乾隆嘉庆年间，他被任命到各地担任学政，主要负责当地的文化教育建设。

那年，翁方纲《复初斋集》刚刚刻成，于是写了一封信，寄给

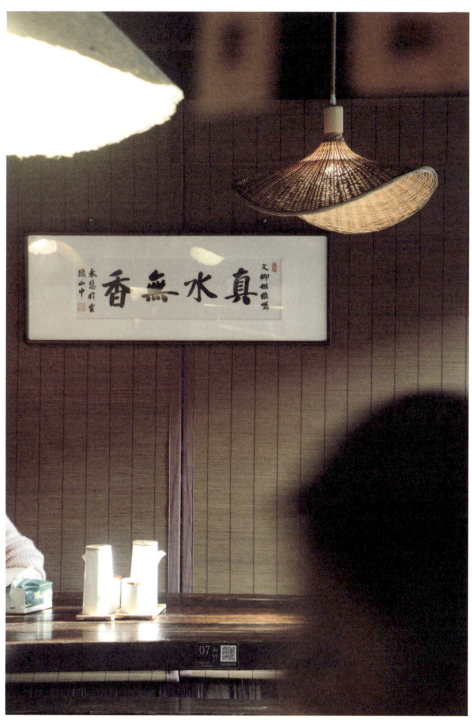

◎ 真水无香

◎ 人间烟火

杭州紫阳书院的山长石韫玉，信里说他想要将这部刊刻的典籍放置一份在灵隐。

大家十分激动，立刻萌生了藏书的想法，商议说："仅此一集存于灵隐，所藏之书实在太少，如果要使学术延续传承，我们不如将自己所著的、所刊刻的，或曾经收藏的一些书也全都存于这里。唯有不断积累，书藏才能壮大！"

话音刚落，阮元表示赞同。他随后便在灵隐寺大悲佛阁的后面修建书橱，用于藏书。牌匾上方方正正地题上"灵隐书藏"四个字，以示决心。阮元还制定了比较规范的管理规则，写成书藏《条例》。

近百年过去了，灵隐寺药师殿的西侧有一栋红楼，推开门走入，"香光法宝"四个字悬于正中，让这栋房子显得肃静而又平和。原来后人在灵隐书藏的基础上建立了一座原汁原味而又现代高雅的图书馆——云林图书馆。

白云依山，与林相伴，这里的藏书仍然以佛教经典为主，对市民开放借阅服务。云林图书馆不失为杭城一个崭新的、优雅的学习新去处。

镇江焦山书藏是阮元继灵隐书藏后创办的另一重要书藏。焦山是江苏镇江的三座名山之一，另外两座为金山和北固山。金山上有乾隆钦点建造的文宗阁，用以藏书。全国仅有的七处贮藏《四库全书》的藏书阁，文宗阁就是其中之一。

嘉庆十八年（1813）的某一天，时任漕运总督的阮元与焦山诗僧借庵等人论藏书之事，当天他们便决定要在镇江焦山设立书藏，并定下名字为"焦山书藏"。虽然镇江焦山的名声不如杭州灵隐大，但阮元坚持要将焦山书藏办好。他从家中捐出了 200 多种图书，共 1400 余册，并号召当地名士明贤捐赠好书。丁丙虽然是杭州人，但也被阮公之举所感动，捐出自己 1000 余册的书，仅次于阮元。

焦山书藏编有 12 卷的《焦山书藏目录》，按照来书的先后顺序进行编辑，与我们所熟悉的分门别类不太一样，来一部，摆一部，等这一橱的书装满之后，再往后装下一个书橱。最盛时期，焦山书藏藏有古籍 25000 多卷，万余册。可惜，1937 年日军占领镇江时，将书藏烧毁殆尽。现今，这里只留下残余的石碑若干。

文集里的八篇程作

编纂《经籍籑诂》、修建阮公墩，以及创办诂经精舍，这三件留载杭州史志的大事，纵览阮元的一生功绩，不过沧海之一粟。尤其，既然是创立精舍之师，也应当履行为人师表的职责，因此阮元在任浙江巡抚时，还时不时地抽出时间给学生讲课、写范文做演示。

◎ 影的记忆

观阅留存下来的《诂经精舍文集》洋洋洒洒 13 卷，阮元的程作有八篇。有诂经精舍创立原因的纪事，如《西湖诂经精舍记》；有带领精舍学生去外地参与大型活动而写就的记叙文，如《重修会稽大禹陵庙碑》。

嘉庆五年（1800）的四月，会稽山修建陵庙以春秋祭祀之用，山长阮元率领众师生前往参加大禹陵庙的祭祀活动，接受传统教育。为此阮元特意先撰写一篇《重修会稽大禹陵庙碑》，刊立石碑，并将此作为学生的范文。文章不长，但清楚地交代了重修陵庙的背景等，并在文末附上自己所作的颂诗，随后学生们也仿效山长的文章。徐熊飞、吴东发、丁子复、陶定山、胡敬、钱福林、汤锡蕃、周联奎这八位学生的文章被选为优秀，而被选录进了《诂经精舍文集》中。这些学生的作文有的并不比山长的逊色，比如胡敬的同题文章，篇幅近 4000 字，而且文辞优美，对仗工整，大有超越老师之势。

也有一些纯粹的考据训诂论文，比如《释邮表畷》，阮元引用《说文》《礼记》《春秋》等典籍来阐释什么是"邮表畷"；又比如《释葵》，即辨析"葵"这种植物，为什么《尔雅》中没有阐释葵的含义，他又引《齐民要术》、《左传》、曹植的《求通亲亲表》、《仪礼·士虞礼》等文献，解释了"葵"的前世今生，一些典故信手拈来，十分考验作者的学术功底。阮元亲自为学生写这些考据的程作，目的是教育学生如何训诂，如何考证，如何做学术，也要学生平日里多读书，读儒家典籍。

最难的却不是考据作文，而是写纪事诗。训诂注重积累和逻辑，而纪事诗考验的是一个人的综合素养，需要有大量且丰厚的儒家典籍知识储备，还需要有训练有素的诗词格律基本功，做到了这两样往往还不够，差了什么呢？他还得有与生俱来的才情和才华！

似乎也没有在吓唬人，这样说来，确实堪比现在文学博士的入门条件呢。山长想必也知道写纪事诗的难度，于是先写一篇范文演示，如这篇题为《焦山旧藏周鼎，今以西汉定陶陵鼎并置焦山，诗以纪事》，用的是七言古诗：

> 碧山一角浮春潮，中有周鼎开云歊。
> 古文十行照江水，百家咏释穷秋豪。
> 千年古篆变为隶，西汉款识多凿雕。
> 我有汉鼎五十字，隃麋汧铸供定陶。
> 斗斤兼记古权量，汾阴好畤同禋祧。
> 济水东流帝陵起，巨莽掘厨金不销。
> 斋中拭刷出古泽，鼎虽转徙犹坚牢。
> 烟云过眼莫浪掷，送尔安稳栖松寥。
> 卣钘觶爵共相饯，雁灯剪烛吟清宵。
> 壬戌之秋木叶脱，海门风起江飞涛。
> 蛟鼍踏浪避金景，苍然古意生单椒。
> 此时此鼎入山去，江天宝气腾轻艘。
> 海云堂中多古木，两鼎扃耳初相遭。
> 周仪可补觐礼阙，汉事志传征班曹。
> 仓籀字破鬼夜哭，八分不似周王朝。
> 一波一磔湛水石，同隐有似由与巢。
> 脱禽仙去亦偶耳，真侣铭尚镌嶕峣。
> 可知古人皆好事，以诗媵鼎各订交。
> 他时得暇敦相访，云帆一片横金焦。

这首诗前有阮元的自序，说的是嘉庆七年（1802）的秋天，他在焦山得到了一件来自山东定陶的铜质大鼎，是西汉的文物，高七寸三分，身高四寸二分，有一个盖子，盖高一寸六分，阮元用"五色斑驳，腹有棱，纯素"来形容，并考证了其作为汉器的一些用途。

为何要写这篇纪事诗呢？

当时的焦山只有周鼎，阮元认为，倘若能以这偶得的西汉定陶陵鼎配之，那么将来这或许可以成为焦山人民的一件有意义的乐事。阮元为此亲自配上一首诗，这首诗写成以后，他交给焦山寺僧保存起来，并叮嘱其找人绘上图，装订成册。

　　山长范文一出，学生便纷纷摹写。有谢江、谢淮、徐熊飞、顾廷纶、方廷瑚、张鉴这六位的诗作留存下来。其中有的学生还大胆尝试五言古诗的形式，写得十分不错。

　　治学，便是苦心孤诣做学问，若能使自己的学问发挥更大的用处，那就是真正的经世致用。阮元深知，自己创立诂经精舍，为的就是以微薄之力来改变八股科举的现状，培养踏实做学问的人才。即便是遇上人们看起来并不是迫在眉睫甚至无关紧要的焦山周鼎的事情，前人没有记载的，阮元就不敢引以为据，这想必就是读书人本质的一面。

◎　晴空丽日　变与不变

就像张鉴在同题《焦山旧藏周鼎，今以西汉定陶陵鼎并置焦山，诗以纪事》里所写的那样，他说："琅嬛馆中定陶鼎，浓绿忽压焦山巅。焦山旧鼎古莫考，神物黯淡愁云烟。诗人咏歌共光价，造为诡俶吾不然。吾师好鼎如好士，不令坠地遭屯邅。"

一件器物，亦有生命；语言可以赋予它永恒的意义。

花落春仍在：俞樾

一首诗成就一辈子

《春在堂诗编》的第一首诗题名叫作《兰陵菊花歌》，诗曰："秋风秋雨兰陵城，绕城菊花如云平。……归去不知满袖香，但惊飞满黄蝴蝶。"这是 15 岁的俞樾陪侍父亲在南兰陵读书时，参加寓所主人汪樵邻的菊花社时所作的诗。那天主人宾客谈笑风生，大家赏菊之余，小俞樾悄悄念下这首诗并记在本子上，这是他留存下来的人生中第一首诗歌。

俞樾是如何能够被推选为诂经精舍的山长，并且一做就是 31 年的？

这还得从他的另一首成名之作——考场作文《花落春仍在》说起。

道光三十年（1850）元旦，距离山长阮元过世只有一个多月，快要 30 岁的俞樾提着大包小包的行李北上，准备参加京城的会试。父亲去世后，家庭的负担都压在了俞樾身上，为此他逆流而上，虽然已过了仕途人生中最好的年纪，但他仍然不假思索地走在诗与远方的道路上。待榜单一出，俞樾考中贡士，会试成绩排在第 64 名！

按照惯例，会试发榜之后第十天需要进行殿试，殿试是由皇帝亲临保和殿观摩的，也只有过了这殿试，才能授予对应的官职，俞樾自然非常重视。题目年年有变化，这一年的考题是以"淡烟疏雨落花天"为题写一首诗，并敷衍成文。

"淡烟疏雨落花天"，出自唐代诗人牟融的《陈使君山庄》。全诗如下："新卜幽居地自偏，士林争羡使君贤。数椽潇洒临溪屋，十亩膏腴附郭田。流水断桥芳草路，淡烟疏雨落花天。秋成准拟重来此，沉醉何妨一榻眠。"这首诗被誉为意境最美的十首唐诗之一，朦胧的秋水，淡淡的烟雨，芳草断桥，鲜花零落，一字一景，醉在梦醒时分。

考场中的俞樾忽然想起夫人几年前曾与自己对诗，化用过李贺《残丝曲》的"花台欲暮春辞去，落花起作回飞舞"，更显意境。于是他从中获得灵感，一改《陈使君山庄》中偏重伤感颓废的意境，提笔写下：

> 花落春仍在，天时尚艳阳。
> 淡浓烟尽活，疏密雨俱两。
> 鹤避何嫌缓，鸠呼未觉忙。
> 峰鬟添隐约，水面总文章。
> 玉气浮时暖，珠痕滴处凉。
> 白描烦画工，红瘦助吟肠。
> 深护蔷薇架，斜侵薜荔墙。
> 此中涵帝泽，岂仅赋山庄。

没有想到，这首冒着风险创作的诗竟然夺得了第一名。原来改卷时，时任礼部侍郎的曾国藩从众多试卷中发现了与众不同的这一份。大多数考生所作都是从落花的萧瑟凄凉之意入手，并无半点新意，辞藻也无特点，而俞樾这句"花落春仍在"却深深打动了他。俞樾的落花是高朗的，积极而精神明亮的，这与曾国藩本身人格中执着的一面相暗合，及至读完全诗，更是抚案激赏，主张列为第一。不久，俞樾被咸丰帝召见，被任命为翰林院编修。

也正是这一次，让曾国藩记住了俞樾。

人的一生怎么会有太多的例外呢？我们所以为的幸运，其实都是千万次全力以赴后的定数。可倘若这份幸运来得太迟，有多少人会执着地等待下去呢？

当我们以为俞樾就此将是一帆风顺时，命运偏偏给他开了个玩笑。咸丰四年（1854），俞樾被授予河南学政一职。与阮元一样，学政便是要为当地治理学风、管理教育之发展，但俞樾性格耿直，不懂官场的人情世故，不免遭到同僚排挤。咸丰七年（1857）的秋天，俞樾出棚试士，遭到御史曹登庸的弹劾，后经曾国藩的保奏才免于一死。

但就此以后，将近十年时间，俞樾都怀着郁郁不得志的苦闷，他过着靠朋友资助，寓居在苏州潜心著述的日子。

"十年春梦付东流，尚冀名山一席留。此是摹求经义始，瓣香私自奉高邮。"他在《曲园自述诗》里写下这首诗，表现出他的内心颇不宁静，但也流露出另一层心意：功名利禄，荣华富贵，都是过眼云烟。人生道路不能通达顺畅没有关系，也许这是预示我此路不适于自己，未尝不是一件好事呢；但我能做到的，就是像江苏高邮的王氏父子一样，静下心来读书治学，将来以著述留名天下，这样的生活更适合自己。想到这里，俞樾更加坚定了以治学为一生方向的想法。

诗中的高邮，指的是江苏高邮人王念孙、王引之父子。他们是扬州学派的重要人物，毕生以考据经籍为目标，而扬州学派亦是乾嘉学派的分支，为学注重文字、音韵、训诂，代表作中最著名的就是《广雅疏证》。《广雅疏证》《读书杂志》《经义述闻》《经传释词》合称为高邮王氏四种。

后来俞樾所著述的《群经平议》《诸子平议》《古书疑义举例》都是沿用王氏父子治学的方法。所谓"群经平议"，就是对《周易》

《尚书》《周书》《毛诗》《周礼》等十多部儒家经典进行评议阐释，帮助今人更好地理解古籍。

治经十分考验一个人的耐心和定力。于是，无官无名的俞樾索性闭门著书。士大夫要兼济天下，经世致用，著书以留后人同样可以流芳百世。

咸丰八年（1858），由于那段时间俞樾一家人生活在苏州，时任江苏巡抚的赵德辙与他常有往来，正好苏州云间书院有一个空缺的讲席名额，赵巡抚便推荐了俞樾。这样一来，既可以解除俞樾的生计之忧虑，也可以让他继续读书著述，两全其美。

原本以为生活就此可以平静，却不料太平军攻入苏州城，战争的到来打破了俞樾祥和的生活。他带着全家一路逃难，颠沛流离，最终逃亡到天津。他边靠朋友接济，边借了一些高利贷，勉强维持生活，直到曾国藩镇压了太平军。而此时，他的《群经平议》已全部写完，另一本《诸子平议》也完成了大半。

随着南方日渐平稳，俞樾便有了南归的念头。然而去哪里好呢？最重要的是有份生计。就在此时，他从官府邸报中看到了李鸿章被任命为两江总督，驻扎南京。苏州的老宅已经被毁，不能再去了；李鸿章也是曾国藩门下，也许能帮自己，于是给他写了一封"救济信"。

此后的辗转，前文已述。在掌教诂经精舍之前，俞樾在苏州的紫阳书院主持过两年时间。苏州紫阳书院是江苏的省府书院，在紫阳开课是十分难得且很有声望的事，俞樾对此自然感到很满意。同治四年（1865）的十月，俞樾携全家移居紫阳书院，第二年的二月正式开课。

俞樾的同年好友孙衣言（号琴西）此时也在主讲杭州紫阳书院，一时之间，他们两人当年同为庚戌进士又主讲两紫阳的事被传为佳话。于是俞樾写下一首《余主讲苏州紫阳书院，而孙琴西同年适亦主讲杭州之紫阳，一时有"庚戌两紫阳"之目。戏作诗寄琴西》以纪事：

> 廿年得失共名场，今日东南两紫阳。
> 乱后须眉都小异，狂来旗鼓尚相当。
> 主盟坛坫谁牛耳，载酒江湖旧雁行。
> 寄语执经诸弟子，莫争门户苦参商。[1]

在紫阳书院工作之余，俞樾还被上海、镇海当地聘请，主持修县志的事务。这也是由于当年俞樾在翰林院编修任上做过协助修国史等事务，积累过一定的修史经验，此前在天津也替官府修过《天津府志》，因此当政者自然就想到邀请俞樾。不久，《上海府志》和《镇海县志》都完成了，但俞樾自己并不感到满意，因为他觉得修志并不是自己所擅长的，自己的长处还是在经学。

同治七年（1868），俞樾受浙江巡抚马新贻的邀请，主讲诂经精舍，并主持浙江书局，也兼任湖州菱湖书院的山长。这一讲，便是 31 年。

著述立言以立名

俞樾被聘为山长，原因当然不是人情，最重要的是他在当时有比较重要的地位：第一，他的经学著述《群经平议》《诸子平议》

---

1 俞樾著，徐元点校：《俞樾全集》第 16 册，浙江古籍出版社，2017 年，第 161 页。

接连问世后，得到学术大家的一致认可。当年阮元的《经籍籑诂》《十三经注疏校勘记》等著作的问世，也是奠定了其作为乾嘉学派代表人物的地位。学者文人最在乎的当然是作品优劣，尤其是朴学，注重的是学识本身。俞樾的治学与阮元一脉相承，由他来掌教精舍，应该是最合适的。第二，俞樾曾任过翰林院编修，也担任过河南学政，对于教育治理至少是有一定基础的，况且他与曾国藩、李鸿章等人交往深厚，社会人脉也相当广泛，山长的人选必须是有一定影响力的，而俞樾自然也是不二人选。

精舍以前没有官课，只有师课，俞樾来了以后进行了改革，增加了官课。官课由地方官员主持，师课则主要由山长负责。《诂经精舍三集》列出了俞樾同治七年（1868）的官师题名，如下：

巡抚部院马名新贻，字谷山，山东菏泽人。
巡抚部院李名翰章，字小荃，安徽合肥人。
督学部院徐名树铭，字寿蘅，湖南长沙人。
布政使司杨名昌濬，字台泉，湖南湘乡人。
按察使司何名兆瀛，字青上，江苏上元人。
按察使司刘名齐衔，字冰如，福建闽县人。
署盐运使司冯名礼□，字介庵，湖北江夏人。
督粮道英名朴，字茂□，满洲正蓝旗人。
掌教俞名樾，字荫甫，浙江德清人。

不同出身的官员出的题目风格也很不同，里面有一些很冷门又很有趣的题目，比如马新贻巡抚出了"纸鸢""十字碑"和"五明扇"，让学生去考证这三样中国传统文化；还有如盐运使司冯氏出过他职属范围内的题"三江既入考""广陵曲江辨"，还有请学生咏史四首"张良借箸""马援聚米""陶侃运甓""刘宠选钱"，让人惊叹，真是好特别又好专业的考题！如果不多准备一些全能的知识，都答不上来呢。

不过也有与职位大相径庭，完全打破常规思维出题的，比如按察使何兆瀛出过一题"蚕豆"。明明是给人家断案的，却出了一道农业知识的题，不知学生会如何应对。

除了改动官课师课外，俞樾还将每月一次的考课改为每月朔课、望课两次考课。朔课的考题由地方官员拟定，考试也由他们主持；望课就是山长自己负责。书院比以往增加了考课的频率，这也是一种规范。

一年之中，三伏天、腊月和岁首是学生的放假时间，加起来有近三个月。

31年的山长生涯中，俞樾实现了他当初立下的理想——著述立言以立名。无钱、无官，都没有关系，甚至不失为一件好事；当人过于贪恋钱与权，将内心置于水深火热之中，虽然生活可以无忧，名誉也可以广传，但往往不可持续，生命的格局也就被局限了。士大夫立德、立功、立言，三者之中，立言也往往是最难的。俞樾一生所写之书，加起来有500卷，合称《春在堂全书》。

光绪五年（1879）十月，俞樾妻子姚夫人病逝。俞樾悲痛万分，将她葬在杭州的右台山下，并在夫人的坟旁腾出一块地方，打算日后将自己也葬于此。多年以后，也终于如他所愿，"花落春仍在"，山花年年盛开，曲园就真的长眠于此。

俞樾、俞陛云与俞平伯

人们常说，大师的培养不外乎两种路径，一是名师出高徒，源自名师的引领；二是出自名门，家族世代都有传承的学术底蕴。俞樾这一脉也有世家学术之延承，他的孙子俞陛云和曾孙俞平伯皆是后来文坛的名人。

俞樾与姚夫人育有两儿两女，但命运无常，整个家庭里唯有俞樾寿命最长。长子早年就病故，次女绣孙也是突然病逝，长女婚后不久丈夫便离世只好遗嫁，次子俞祖仁曾生过一场大病，病后便一直不识事理，四个子女接踵而至的灾难都让俞樾悲痛伤神。不幸之中，孙子俞陛云便成了俞樾最记挂的心事，因而俞樾将其带在身边，亲自教他识字念书。

陛云 13 岁时，俞樾就思虑为其完婚，很自然就想到了故交挚友彭玉麟。彭玉麟是俞樾一辈子的知己，若能联姻成世家，便是喜上加喜。彭玉麟与曾国藩、左宗棠并称为"大清三杰"，与曾国藩、左宗棠、胡林翼并称大清"中兴四大名臣"。他一生为官廉洁奉公，是湘军水师的创建者，著名军事家。由于他与俞樾性情相合，彼此敬重，每年他巡阅长江的时候，便要到杭州去看一看老朋友俞樾，后来专门在西湖上盖了一座退省庵，足见两人交情之深。俞陛云与彭玉麟之孙女彭见贞不久在苏州的曲园办了一场隆重的婚礼。

诂经精舍教课之余，为教孙子读书，俞樾特意编了一本《曲园课孙草》做教材，教陛云精选的一些文赋篇目。在俞樾的培养之下，陛云 18 岁就中了举人，后来参加进士考试，得了探花。

也许是从小深受祖父在诗词文学方面的影响，陛云一生最精于诗词，著有《蜀辖诗记》《诗境浅说》《诗境浅说续编》《唐五代两宋词选释》《乐静词》《小竹里馆吟草》等。

读过俞陛云的《诗境浅说》，就会觉得他是被时代忽视的诗人。《诗境浅说》是俞陛云在暑期给子孙编写的课文，内容选的都是唐诗，以文学解读的方式来阐述每首诗的精髓。所论之处，遍及境界，文辞优美流畅，仿佛解读部分就已自成风格，文学意境随之而出。

我尤其喜欢其中的《乙编·五言摘句》，只论一首诗中的两句。如刘方平诗《秋夜泛舟》中的两句：

万影皆因月，千声各为秋。

陛云先生说："月与秋皆诗中习用，此从空际着想，包举众有。以之取譬，人事万般结果，皆由一心之种因，犹万影皆由一月也。世之挥霍事功，驰逐声利者，各望其大欲而趋，犹千声各鸣其秋也。有感偶书，览者勿嗤其附会。"[1]

此论有哲学的意味。刘方平的诗我读得很少，但这两句真是好，我以为好在诗人用词如此平静，不着烟火，却能将人生之常理诉说得令人回味起一种无奈的悲来。俞先生的解读和我不一样，他虽然没有太多个人的渲染，但也不隐晦说出自己所想，他说他读出的是追名逐利者的千万种不同欲念。

再看《甲编》，他读王维，似将自己与王诗之境合而为一。如《终南别业》：

中岁颇好道，晚家南山陲。
兴来每独往，胜事空自知。
行到水穷处，坐看云起时。
偶然值邻叟，谈笑无还期。

"此诗见摩诘之天怀淡逸，无往无沾，超然物外。言壮岁即厌尘俗，老去始卜宅终南，无多同调，兴到惟有独游。选胜怡情，随处若有所得。不求人知，心会其趣耳。五六句即言胜事自知，行至水穷，若已到尽头，而又看云起，见妙境之无穷，可悟处世事变之

1 俞陛云：《诗境浅说》，商务印书馆，2018 年，第 51 页。

无穷，求学之义理亦无穷。此二句有一片化机之妙。结句言心本悠然，偶值邻翁，即流连忘返。如行云之在太虚，流水之无滞相也。"[1]

我想俞陛云应该很喜欢王维，当然好像没有人会不喜欢吧。我们谈论一首诗有没有余味，很多时候，并不是诗的用词如何晶莹剔透，反而需要一些古拙，王维这诗我以为就是如此。俞先生说读出了"天怀淡逸，无往无沾，超然物外"，绝不假的；而俞先生更胜之处，是将诗之妙境的"无穷之变"，转而推移到学问义理的无数无尽的道理，意在言：生命仿佛对立矛盾的，但却是永无止境的，世事的变化，学问的真理，浩渺无穷啊。

关于王维的《终南别业》，另一位读诗之人顾随在讲唐宋诗时也曾有精妙见解。他说："王维之'行'并非意在'到水穷处'，而'到水穷处'亦非'悲哀'；'坐看'亦非为看'云起'，看到'云起时'亦非快乐。只是自然而然，人与自然合而为一。"顾随从这两句里，读出了"调和"，随遇而安的内心调和，生活与大自然的合而为一。两位读诗的人，虽然他们解读不同，但是对于生命的理解无殊——生命的真谛便是永恒的变化。

在20世纪初谈诗艺的几位学者里，俞陛云先生、顾随先生和王国维先生是我很喜欢的其中三位，而又是风格截然不同的三位。王国维《人间词话》谈词的艺术，重在理性分析多种多样的艺术境界，古典诗词的艺术理论在他笔下层层晕染开来，何为有境界，何为无境界，何为有我之境，何又为无我之境，在他的解读中可调校对于词学的理性认识。

最著名的是这两句论断："有我之境，以我观物，故物皆着我之色彩。无我之境，以物观物，故不知何者为我，何者为物。古人

1　俞陛云：《诗境浅说》，商务印书馆，2018年，第12页。

为词，写有我之境者为多，然未始不能写无我之境，此在豪杰之士能自树立耳。"记得大学里初次读到这样的分析，真是被惊艳到，原来文艺理论是可以外柔内刚的。因而王国维的诗词创作也秉承了他一贯的观点，他写《浣溪沙》："夹岸莺花迟日里，归船萧鼓夕阳间。一生难得是春闲。"闲适的生活，闲逸的志趣，大概全都克制在了心中不肯说吧。

顾随《驼庵诗话》感性多了，也自由多了，谈着谈着，往往谈出他自己的性情，即他自己的文艺理论。比如谈王维《陇西行》，他说"右丞虽写起火事，然心中绝不起火（若叫老杜、放翁写，必定要发风）"；又比较王维和陆游的不同，说"放翁一派好诗情真、意足，坏在毛躁、叫嚣。右丞写诗是法喜、禅悦，故品高、韵长"。读完实在觉得顾先生讲起道理来太顽皮，个性十足。

而俞陛云的《诗境浅说》则中和了两人的诗话风格，在自由和拘谨、感性和理性之间找到一个舒适的点，做他个人关于文学理解的细节处理。不过分地袒露自己，又不失浪漫。

"娇小曾孙爱似珍，怜他涂抹未停匀。晨窗日日磨丹矸，描纸亲书上大人。"很有趣的一首诗，是俞樾写给俞陛云的儿子俞平伯的诗，可以说是字字疼爱。俞平伯有天然的名门优势，自小就在父亲陛云这里接受潜移默化的古典诗词影响。1915 年，他很顺利就考入北京大学文科国文门，与傅斯年、许德珩、顾颉刚都是同学。在北京大学念书时，曾得到国学大师黄侃、词曲大家吴梅等人的指导，文学功底十分扎实。

是不是每个念中文系的学生都上到过现当代文学里的这一课——将朱自清和俞平伯做比较，比什么呢？比的是他们的同题散文《桨声灯影里的秦淮河》。

俞平伯较朱自清小两岁，都是北京大学的学生，但同校不同系，朱自清读的是哲学系。1922 年初，俞平伯和朱自清、叶圣陶等人一同创办了《诗》月刊，他们将自己的最新思想和文章发表在上面，引来了全国文学界人士的关注，彼此也结下了深厚的友谊。一次，二人同游南京，被南京秦淮河的美所深深吸引。途中不知是谁的提议，一起写作同题散文《桨声灯影里的秦淮河》，后来两篇都发表在了《东方杂志》第 21 卷第 2 号上。至于两篇散文的风格分别如何，不如摘取片段各品几番：

俞平伯先生的"秦淮河"——又早是夕阳西下，河上妆成一抹胭脂的薄媚。是被青溪的姊妹们所熏染的吗？还是匀得她们脸上的残脂呢？寂寂的河水，随双桨打它，终是没言语。密匝匝的绮恨逐老去的年华，已都如蜜饯似的融在流波的心窝里，连呜咽也将嫌它多事，更那里论到哀嘶。心头，宛转的凄怀；口内，徘徊的低唱；留在夜夜的秦淮河上。

朱自清先生的则是——秦淮河的水是碧阴阴的；看起来厚而不腻，或者是六朝金粉所凝么？我们初上船的时候，天色还未断黑，那漾漾的柔波是这样恬静，委婉，使我们一面有水阔天空之想，一面又憧憬着纸醉金迷之境了。等到灯火明时，阴阴的变为沉沉了：黯淡的水光，像梦一般；那偶然闪烁着的光芒，就是梦的眼睛了。

你喜欢谁的秦淮河呢？

只是无论谁被偏爱得更多一些，都不会影响到两位先生之间的友情。1948 年 8 月朱自清病逝，俞平伯悲痛至极，送去一副挽联：三益愧君多，讲舍殷勤，独溯流尘悲往事；卅年怜我久，家山寥落，谁捐微力慰人群。

回过头来看，当我们追溯这样四代人近百年的生命之流时，我们意识到，生命接力的故事已经真正支起了诂经精舍的发展和盛衰。俞平伯专注做《红楼梦》研究和词学研究，是新红学的主要奠基人，写过《红楼梦辨》《脂砚斋红楼梦辑评》《读〈红楼梦〉随笔》等；

在词学研究上成就甚高，其所著《唐宋词选释》《读诗札记》《论诗词曲杂著》等，可清晰辨认其父亲、曾祖父的文学天赋。

因此，他们的文学研究也成了俞氏家族的一种标志，一种传统；亦是诂经精舍的一种时代精神。

首任山长：王昶

会试的距离：姚鼐的淘汰与王昶的获隽

王昶受阮元之邀，自苏州寓所前往杭州主持诂经精舍，是嘉庆五年（1800）精舍刚刚建立的时候，因而他留名于诂经精舍永恒历史中的方式是作为精舍的首任山长。

王昶（1725—1806），字德甫，号述庵，又号兰泉，江苏青浦人，一生著有《春融堂集》，辑有《金石萃编》《湖海诗传》《湖海文传》《明词综》《国朝词综》等。现在留存的史料对于这位乾隆十九年（1754）获进士的学者显然关注得太少，我们如今对这位刑部右侍郎的了解多是他工诗文且擅长金石学研究，不过这并不影响其后来在作为诂经精舍等书院山长时为培养读书人所做的贡献，甚至从另一层次、另一身份来说，为时代培养学以致用的读书人或许更加值得一提。

生性聪慧过人的王昶出生于雍正二年十一月二十二日（1725年1月6日），13岁时，被父亲王士毅送入私塾念书，王昶仿佛深谙唯有凭借苦读才能成就自己的道理，于是夜以继日地发奋读书。

乾隆十四年（1749），王昶遵从父亲的临终嘱托——务必心无旁骛地读书，将来出人头地，为家族争光，前往苏州紫阳书院读书。这趟求学之旅打开了王昶治学一生的新篇章。在紫阳书院的几年里，王昶结交了许多好友，也得到了时任紫阳书院老师沈德潜的厚爱，将王昶与其他六位书院里的高才生王鸣盛、吴泰来、钱大昕、赵升之、曹仁虎、黄文莲推为"吴中七子"。

"乾隆十八年癸酉，余举于乡。"王昶在《胡公安吟石诗集序》里谈到自己在癸酉年中举。乡试中举，次年便是会试。关于乾隆十九年（1754）的这场会试，我们又看到了历史重新被抚摸的痕迹：王昶会试得了第24名，两个月后的殿试榜二甲共70人，王昶得了第7名，赐进士出身，"吴中七子"里的王鸣盛殿试得一甲第2名，钱大昕也中二甲，成绩喜人。

也是在这场会试中，还有两位特别的人物，一位是金榜题名、成绩略胜于王昶一筹的纪昀（1724—1805），一位则是落第的姚鼐（1732—1815）。也许此刻，我们要为姚鼐的落榜而抱憾，然而姚鼐的形象真的会因为这一场科举的失意而变得晦暗逊色一些吗？恐怕也不会。我们用历史的刷子清理掉那些使纯粹不能永恒的杂质，又还给了这位落榜的姚鼐更加稳固的评价——其被誉为"清代古文第一人"，并成为桐城派散文之集大成者。

王昶评价姚鼐"诗旨清隽"。不妨读一读姚鼐的散文名篇《登泰山记》，其瑰丽的辞章融于古迹的考证，他主张义理、考据、辞章三者统一，使散文因思想的充实而文艺饱满。

戊申晦，五鼓，与子颖坐日观亭，待日出。大风扬积雪击面。亭东自足下皆云漫。稍见云中白若樗蒱数十立者，山也。极天云一线异色，须臾成五采。日上，正赤如丹，下有红光，动摇承之。或曰，此东海也。回视日观以西峰，或得日，或否，绛皓驳色，而皆若偻。（《登泰山记》节录）

有别于写景游记的其他名篇，它的艺术还在于诗人可以真实而自然地行走在文字里并呈现、保存，如"道中迷雾冰滑，磴几不可登，及既上，苍山负雪，明烛天南"，仿佛世界在混沌朦胧不可识的无尽飘摇中忽然明亮了起来，又如"大风扬积雪击面。亭东自足下皆云漫"，文字好像真就这样扎扎实实地扑面而来。这就是姚鼐散文的美。

当然王昶的文章能获得考官的青睐自然有其过人之处，姚鼐就曾在《述庵文钞序》里评价王昶说："青浦王兰泉先生，其才天与之，三者皆具之才也。先生为文，有唐宋大家之高韵逸气，而议论考核，甚辨而不烦，极博而不芜，精到而意不至于竭尽。"说的是常人做学问也许能够在一个方面钻研至精，而王昶却能把义理、考证和文章三个方面结合起来，融通于胸，是真正大学问者。

要感受王昶文章的"高韵逸气"，不妨来读他游记散文中最为著名的一篇《游珍珠泉记》：

济南府治，为济水所经。济性洑而流。抵巇则辄喷涌以上。人斩木刲其首，伐诸土，才三四寸许，拔而起之，随得泉。泉莹然至清，盖地皆沙也，以故不为泥所汩；然未有若珍珠泉之奇。

泉在巡抚署廨前，甃为池，方亩许，周以石栏。依栏瞩之，泉从沙际出，忽聚、忽散，忽断、忽续，忽急、忽缓。日映之，大者为珠，小者为玑，皆自底以达于面，瑟瑟然，累累然。《亢仓子》云："蜕地之谓水，蜕水之谓气，蜕气之谓虚。"观于兹泉也信。是日雨新霁，偕门人吴琦、杨怀栋游焉，移晷乃去。济南泉得名者凡十有四，兹泉盖称最云。

这是王昶游赏泉城济南时所写下的即景散文。开篇先介绍珍珠泉之所以奇异，是因为济水很特别，它既能在地下潜行又能在地面流淌，有人用一根削尖的木棒插入地下三四寸许，就得到了一眼泉水，而泉水洁净清澈，"莹然至清"，那是因为地下均是沙子而非泥土。这是经过考证得到的事实，因而使文章内容丰实有理。随后，王昶又以文学的笔调描绘了珍珠泉的灵动之美，"忽聚、忽散，忽断、忽续，忽急、忽缓"，让文章的节奏松弛下来，带着读者进入泉水的情趣之中。"大者为珠，小者为玑"，这一大一小，比喻的是阳光照射之下粒粒的"珍珠"，而弹落的"珍珠"不正是发出连续不断的瑟瑟声的来源么，于是他便有"瑟瑟然，累累然"的感慨，动静结合，逸趣自然。最后引用《亢仓子》的议论为结尾，使文章更具有历史的厚度。

王昶的其他诗词同样意蕴深长，如这首《西帕河边丛竹数十里》：

> 忽见千竿竹，何当万亩宽。
> 临溪晴更润，罨径昼长寒。
> 岁久苔花遍，秋深粉箨残。
> 夕阳回驻马，真作翠云看。

历代写竹子的诗词很多，然而刻意用力却又很容易失去留白的意境，用姚鼐的话来说，王昶的这首诗是"有唐宋大家之高韵逸气"的。"千竿竹"形容这一大片密密匝匝竹林茂盛之态。溪边流水潺潺，仿佛有了这竹林的映衬，让碧空洗净得更加润泽明亮。秋天的晚霞染红了静谧的竹林，诗人牵马停驻一方回首，竹林翠微，宛若浩瀚绵绵一片云，意境无穷。

让我们回到这场会试，王昶对于姚鼐当时的失意深怀惋惜，因为这已是姚鼐第三次赴京参加会试。临别之际，他写下两首送别诗《白衣庵赠姚孝廉姬传》，其二曰：

> 频年铃驭向天涯，诗卷丛残阅岁华。
> 楚调吟成空自赏，吴歌醉后向谁夸。
> 秦嘉上计功名薄，王粲辞家道路赊。
> 何日司空山色里，论文相对共烟霞。

两人相识于京师的法源寺寓舍，在交往中，彼此共论诗文，情谊深厚，留下了一段难忘的回忆。而一别之后，不知功名之路会将如何，更不知还是否有机会能共赏夕阳山色，王昶为此发出了长长一声叹息。不过九年后，姚鼐还是迎来了他的光芒，乾隆二十八年（1763），在他人生第五次参加礼部会试时，终于中式，后殿试名列二甲，被授予庶吉士，后官至兵部主事、刑部郎中等。

主讲的热情

王昶的大半生经历过各种官职，担任过刑部浙江司员外郎、户部员外郎、刑部江西司郎中、吏部考功司主事、吏部员外郎、河南布政使、陕西按察使、江西布政使等。乾隆五十八年（1793）以病乞休，旨云："岁暮苦寒，宜俟春融归。"皇帝体恤王昶年老多病，准其归田。到了嘉庆元年（1796），73 岁的王昶终于真正回归本真，开始讲课生涯。据《王昶传》，这一年，"元旦太上皇帝御太和殿，皇帝至乾清门行登极礼，皇上赐玉如意、楠木寿杖、缎装绵、大笔墨等 16 件。先生作诗六章用至盛轨进呈，得旨，刻入《燕集》中，聘主娄东书院"[1]。

娄东书院建在江苏太仓，环境清幽，与当时致仕归田后王昶恬淡的心境十分相符，因而王昶在娄东书院邀请之后欣然答应前往。至于其中原委，在他致江苏镇洋知县李汝栋札中有所提及："前冬吉制军（吉庆，两广总督）在苏相见，问知弟有云南赔项，欲为谋一讲席，弟告以如钟山、紫阳大书院主席皆系旧好，未便遽行占夺。且其时即欲入都恭预千叟筵席，嘱令徐为计算，及临起程时，告以现有娄东一席，可令奉请。"[2]信里可知，实际上王昶也有经济上的压力。因为有云南铜政的赔项负担，他很快答应娄东书院的邀请。只是一年多以后，娄东书院经费入不敷出，王昶的主讲费也无法保证，再加上身体不支，于是不久后离开了书院。

1　凌耕：《王昶传》，学林出版社，2002 年，第 356 页。
2　刘汉忠：《王昶信札稿本述略》，《江苏图书馆学报》，1993 年第 5 期。

离开娄东书院后，王昶经历了乾隆驾崩之大丧，身边的朋友也一个个都苍老离世，心境因此更加悲凉。嘉庆四年（1799），王昶受阮元等友人之邀赴杭州诂经精舍任主讲。前后一年多时间里，他同时兼任杭州敷文书院山长一职。

其实早在嘉庆元年（1796），浙江巡抚玉德和浙江学政阮元等人就邀请王昶主讲崇文书院。但因娄东书院邀请在先，而且此时手上还有未完成的书稿，于是王昶便谢绝了阮元的邀请。阮元与王昶相识已久，嘉庆二年（1797）正月，"浙江巡抚玉德招同阮元、苏楞额同游西湖玛瑙寺。王昶偕游，有七律一首记事"[1]。玛瑙寺位于西湖边，次日，阮元又招鲍廷博、丁杰、王昶等人宴于玛瑙寺，王昶挥笔作诗一首，题曰《阮伯元招鲍秀才以文廷博、丁教授小山杰、朱秀才映湑、钱贡生晦之大昭、陈训导映之焯、张进士子白若采、许孝廉周生宗彦、臧秀才在东镛、何上舍梦华再集玛瑙寺》：

> 东南冠盖共趋陪，画舫青帘乐溯洄。
> 门下生徒驱籍湜，卷中文采压邹枚。
> 品题共望三都序，甄录将收一代才。
> 老我齿危兼发秃，谬叨祭酒主樽罍。

王昶称赞阮元像韩愈一样，弟子们一个个都很有才学，还笑言自己年老发秃，可是丝毫不影响当时愉悦的心境。

嘉庆三年（1798）九月，阮元《经籍籑诂》宣告完成，正要解任浙江学政一职而北上入京。途中经过苏州，王昶便邀阮元一同赏游虎丘，并写下一首赠行诗《虎邱即席送阮少宗伯伯元还朝》：

> 西泠使节返蓬莱，却过名山更举杯。

---

1 王章涛：《阮元年谱》，黄山书社，2003 年，第 118 页。

燕树吴云愁远别，玉衡冰鉴俟重来。

文章翰墨千秋业，宾从江湖一代才。

只是老夫蕉萃甚，临风目断画帆开。[1]

那年的阮元 35 岁，意气风发，豪情万丈，而王昶却已逾古稀之年。面对阮元，王昶仿佛看到了昔日功业与才情风起云涌于胸的自己。"蓬莱"，是理想，是仙境，阮元即将返回京城，实则是要去受命任浙江巡抚一职，因而虽然是要远行，但这是一趟实现抱负的掷地有声的远行，举杯庆祝，更是祝福。而自己年华已逝，容色憔悴，生命之苍茫就在明暗之间寻找一个可以永恒的支点。王昶是通透的，"临风目断画帆开"，让每个人都去实现自己的美好，生命的卷轴在心灵深处必然始终打开。

在诂经精舍期间，王昶与阮元等好友多次游览西湖。他为第一楼写下许多难忘的诗篇，如《第一楼夜起有怀伯元中丞》《再宿第一楼作》《重阳后三日，阮伯元招同孙渊如及诸同学集第一楼作》等，收录在他的诗文集《春融堂集》之中。

他的《第一楼夜起有怀伯元中丞》诗曰：

白苎生寒酒半醺，八窗齐拓敞高旻。

柳间残月如新月，山外晴云杂雨云。

湖舫歌停灯尚在，寺楼钟定夜将分。

清秋好景殊堪画，吟啸无由共领军。

"白苎生寒"的秋夜，西湖回到了它本真的模样，宁静而纯粹美好。画舫歌声萦绕徐徐，灯火隐隐约约照出诗人心中的柔软。月夜的钟声渐渐淡去，身心的洁净才逐渐显现，回忆起几百年来写西

1　王昶：《春融堂集》卷二十三，清嘉庆校刻本。

湖的诗人隐士们，是谁会最爱写西湖的月夜呢？那些星，月，灯火，荷花，那些繁华，歌声，塔楼，玉波，还有涌金门的喧嚷，天竺寺的安谧，枫叶红惹，湖心亭的大雪纷飞……白居易好像不是，他爱春天桃柳，林逋好像也不是，他爱冬日雪与梅，那么莫非是苏轼，他会不会最爱秋夜明月？"水枕能令山俯仰，风船解与月徘徊"，摇荡在湖心，悠然仰望明月，随舟拂去内心的沉寂；有时他又说"新月如佳人，出海初弄色。娟娟到湖上，潋潋摇空碧"。

几个朝代以后，清人王昶在秋夜里找到了同样的哲理：智行者当有拨开"残宵残月"而辨认宇宙真谛的能力，知心者不在他处寻找，只能在自己的内心找到。所以王昶在《再宿第一楼作》中说："残宵残月正幽妍，独对银河更悄然。露下莲塘凉似雨，烟消柳岸水如天。冰桃雪藕亡何饮，竹簟纱幮自在眠。清兴不须招白鹤，临风意欲趁飞仙。"心境的整洁与明朗其实不必引白鹤而悠悠，当面对这西湖美景时，没有什么挣扎不能放下，也没有什么混沌是不能澄清的。

嘉庆六年（1801）九月十二日，"阮元在第一楼招王昶、孙渊如及诸同学文宴，孙渊如赋诗记其事"[1]。王昶也作一首《重阳后三日，阮伯元招同孙渊如及诸同学集第一楼作》：

> 缥缈湖楼瞰夕阳，同来英俊俨成行。
> 风前落帽嗤孙楚，柳下停骖问葛彊。
> 银海渐摇嗟晼晚，玉山自倒笑颓唐。
> 归与莫厌长堤迥，凉月如槃水一方。

就这样，王昶在诂经精舍一心一意地传道授业，只是身体衰微，他的眼疾频频发作，于是只好辞去主讲，回到故乡养病。

1　王章涛：《阮元年谱》，黄山书社，2003 年，第 264 页。

遥遥、拥有与叹息

渐至耄耋之年，王昶深感光阴留不住自己，于是决定抓紧完成一生中最重要的一本著作——《金石萃编》。

《金石萃编》成书于嘉庆十年（1805），初撰于乾隆年间，大约历经了 50 年。全书共 160 卷，书中著录了先秦至辽金的石刻、铜器及其他铭刻共计 1500 余种。据王昶自述，他年轻时就执着于古学，等到青年游历京师时开始嗜好金石学，并注意搜罗金石资料，甚至到了入迷的地步，但凡能够得到的他都不遗余力地收入怀中。在全国各地为官时期，无论是云南还是四川，他亦不辞辛苦访求难得的金石。

对于金石学的重要性，王昶有独到且深刻的认识，他在《金石萃编自序》中说："迹其囊括包举，靡所不备，凡经史、小学，暨于山经、地志、丛书、别集，皆当参稽会萃，核其异同而审其详略，自非轮材末学能与于此。且其文亦多瑰伟怪丽，人世所罕见……是以博学君子，咸贵重之。"

金石的特别之处，大概在于从中可以观览到纵向历史长卷中文化的变迁。任何一份奏铭、山碑、礼器题刻、砖瓦文字，或卦文、墓碣、庙碑，在它们斑驳的身上呈现的是对于积累的解释：年份的叠加带来了艺术的风化，艺术家对书法的理解在前代基础上逐渐修润时代心境中的特征和个性，让我们看见了历史的很多层面。

一次，在苏州寓所，王昶得到武英殿仿宋新刊《礼记正义》一书，他就对照汲古阁本进行校正，校出错讹凡 4000 余字。这样的冷工夫实在需要经得起孤独的考验。他在《虎邱寓舍即事》里写道："珠林玉典渐成讹，宋刻犹存校正多。常记书斋红豆底，丹铅永日费研磨。"[1] 手抄本的校对又难于印刷品太多，多种抄本之间的比对更是常常令人百般挣扎，王昶发出深深的叹息："旧物难聚而易散也，后人能守者少而不守者多也。"

读到王昶这句话时，我浑然不觉早已联想到了李清照的那篇《金石录后序》以及她与丈夫赵明诚的往事。在中国考古学史上，王昶是每每必定被列进榜单的清代金石学家，而宋代呢，赵明诚则是必然的最重要一位。

赵明诚（1081—1129），字德父，密州诸城人，是宋徽宗崇宁年间宰相赵挺之第三子，官至湖州军州事。他为后人所熟知的事，便是与其妻诗人李清照致力于金石学研究，两人志趣相投，共同搜集商周青铜器及汉唐石刻拓本，后编成《金石录》三十卷。

如果用以上人物辞典的方式来重现李清照与赵明诚的故事，我们阅读到的可能只是作为收藏家、鉴赏家的固定史实。然而回忆是在进行中的，我们的记忆套叠到过去现实的记忆中，认清了他们经历着的是一个正在衰亡的朝代，而妻子正在为他们几十年来一点点收集起来的有形"记忆"要被人掳走而惴惴不安。那么王昶先前的那句感叹就更加容易理解，也更意味深长了。

每获一书，即同共勘校，整集签题。得书、画、彝、鼎，亦摩玩舒卷，指摘疵病，夜尽一烛为率。故能纸札精致，字画完整，冠诸收书家。余性偶强记，每饭罢，坐归来堂烹茶，指堆积书史，言某事在某书某卷第几叶第几行，以中否角胜负，为饮茶先后。中，即举杯大笑，至茶倾覆怀中，反不得饮而起，甘心老是乡矣。[2]

赵明诚罢官以后，带着李清照回到青州故乡闲居了十年，复官

1　王昶：《春融堂集》卷二十四，清嘉庆校刻本。
2　《金石录后序》，《四部丛刊续编》本。

后，他们把俸禄都拿出来用于购买、收藏书画和彝、鼎之类的古玩。每次得到一本新书，两人便如获至宝，继而一起校勘，整理，分类，题上书名。每天吃完饭后，便在归来堂上烹煮一壶清茶，指着堆积的古籍，说某一典故出自哪一册书第几卷第几页第几行，先说中的便先饮茶。此中的快乐字字可循，于是令诗人发出了无限感慨：真愿意过一辈子这样闲适自在的生活！

褐衣蔬食的日子因为充满稳固不变、不屈的理想而完整、快乐。完整地用燃尽一根蜡烛的时间为标准来做着关于爱好、关于个人生命价值得以实现的业余工作，而这更像是他们默契的责任——来自金石学家的责任。

后官军收叛卒，取去，闻尽入故李将军家。所谓岿然独存者，无虑十去五六矣！惟有书、画、砚、墨可五七簏，更不忍置他所，常在卧榻下，手自开阖。在会稽，卜居土民钟氏舍。忽一夕，穴壁负五簏去。予悲恸不已，重立赏收赎。后二日，邻人钟复皓出十八轴求赏，故知其盗不远矣。万计求之，其余遂不可出。今知尽为吴说运使贱价得之。所谓岿然独存者，乃十去其七八。所有一二残零不成部帙书册，三数种平平书帙，犹复爱惜如护头目，何愚也邪！[1]

这是发生在赵明诚病故之后李清照逃难途中的事了。李清照明白几十年来丈夫对这些藏品所付出的巨大心血，无论如何也不愿意将其拱手让于金人，可是偏偏这些令人绝望的时刻一帧一帧地出现，让她眼睁睁地看着它们散失。放哪里好呢？锁无疑是无用的，也没有任何可以藏匿的山洞密室，更没有任何可以托付的人，最后只剩下五七筐书画砚墨，她只好像爱惜自己的头脑和眼珠一样藏在床榻底下，遗憾的是"岿然独存者"仍然不可永留。

---

1 《金石录后序》，《四部丛刊续编》本。

李清照原以为藏品被安置于卧室内、睡榻下就应该是最稳固、最安定的，热情燃尽的时候，她才悟到生活的真相：然有有必有无，有聚必有散，乃理之常。所谓会者定离，拥有的东西一定会失去，相逢的人事也往往离散。王昶随着官职的频繁调动，江西、陕西、云南、四川，奔走四方的旅途中许多辛苦收藏的文物何尝不是有过丢失、有过被掠夺，他又是怎样处理那些绝望的情绪呢，我们无从知道。

然而李清照、王昶以及其他金石学家，他们用时间研墨，用认知和感情写录下来的物件的过去，不会随着实体的散失甚至消失而"不可得"，而是另一种意义上的拥有。

嘉庆十一年（1806）五月，83岁的王昶感染疟疾，寒热反复，一个月后溘然而逝。当人生走到尽头时，人的性情往往宽容平淡，我们回过头来看他们的故事，他们在碑铭上抚摸人类智慧的厚度，找出年代未曾遗漏的痕迹，轻轻地念出一句，"隔浦望人家，遥遥不相识"。

南方之学，得其菁华：黄体芳

江苏学政任山长

杭州诂经精舍于光绪三十年（1904）正式解散，最后一任山长为汪鸣銮。在汪鸣銮受邀之前，关于谁来担任精舍山长这一事有过一段小小的插曲。

俞樾曾写过几封信寄给浙江巡抚廖寿丰，下面是其中的一封：

久疏笺候，驰想为劳。见闻假期将满，计已拜疏销假，潞国精神与富、韩勋业俱高矣。弟今年气血骤衰，春夏间闪腰挫气者三次，是以竟未一至杭州。伏念弟主讲诂经精舍三十一年矣，精力衰颓，学业荒落。久思辞退，所以迟迟未决者，实欲为精舍支撑门面耳。方今大势所趋，似不必再费螳螂之力。伏望别订高贤，主持斯席。弟愚不识时，老而求息，想必蒙见怜。秋间腰脚稍健，尚当重来湖上谒清尘，兼收残局也。[1]

这封信应写于光绪二十五年（1899），这一年，俞樾正式辞去精舍山长。虽然俞樾说自己年纪已大，又闪了几次腰，身体每况愈下，以至于精力衰颓，这当然也是一部分原因；但主要还是时局已定，汉学难以维继。

俞樾辞去诂经精舍山长后，巡抚廖寿丰请到曾经做过江苏学政

1　汪少华整理：《俞樾书信集》，上海人民出版社，2020 年，第 289—290 页。

的黄体芳接任精舍山长，可仅仅不过半年，黄体芳病逝，于是继而再荐故交汪鸣銮出任山长。

诂经精舍虽然处于步履维艰之时，但对每一任山长的任命都毫不马虎，他一定是与诂经精舍的治学思想和办学理念都一致的。黄体芳是怎样一位人物呢？

黄体芳（1832—1899），字漱兰，浙江瑞安人，同治二年（1863）的进士，被授予庶吉士、翰林院编修；光绪六年（1880）担任江苏学政，负责江苏一带的教育和学风治理。刚刚就任学政不久，黄体芳就巡视调研江苏境内的书院情况，先从整顿江宁、苏州、扬州等地的旧有书院入手，身体力行地变革当时不清正的学风，尤其是治理选拔科举人才的通道。

为此，他在这一年的十月十四日颁布《黜华崇实以敦品学谕》，内容主要是关于培养怎样的人的："本院赋性迂拙，生爱读书论人，偶及浮伪邪刻卑劣之徒，深恶痛绝不能姑容；一遇孝友廉正之士，则私心钦慕惟恐不及。诸生身在庠序，诵法圣贤，若品行不讲，何论文艺。"[1] 此令一出，虽然伤害了一大批钻空子的假读书人，但也收获了更大批知识分子追随其左右。他的人才观里，排在第一位的是品行人格，若品行不端正，治学再好也是一句空话，推及治学态度也是如此。《黜华崇实以敦品学谕》又说，现在大江南北的人才虽然很多，但真正有实学的太少，这都是将来国家发展的弊端。黄体芳坚决要兴"务实"的人才。"但愿尔诸生等各就质性所近，范围曲成，异日立朝莅政，凡所表现，殊绝凡庸，即使不求闻达，亦足矜式乡闾，造就来学。"[2]

1　黄体芳著，俞天舒编：《黄体芳集》，上海社会科学院出版社，2004年，第40页。

2　黄体芳著，俞天舒编：《黄体芳集》，上海社会科学院出版社，2004年，第41页。

南方之学，得其菁华

在这样的大整顿之下，黄体芳做出了人生中最传奇的一件事，也是最值得被载入史册的一件事，就是创办与诂经精舍理念一致的江阴南菁书院。

南菁书院，名字源于朱熹《子游祠堂记》的一句话——"南方之学，得其菁华"，意思是要使这所书院成为萃取治学之菁华的地方。光绪八年（1882），江苏学政黄体芳在视察江苏一带教育现状之后感到十分不满，气愤地说："旧式书院虽然不少，但是不能为国家培养经世致用的人才，这都是因为旧式书院制度仍然保守，制艺之外，为何没有真正做些经史、古学、天文、算数之类的学问呢？"

效仿诂经精舍办学的原因还有一个，那就是黄体芳就是诂经精舍的肄业生。道光三十年（1850），也就是阮元去世后的第二年，黄体芳进入诂经精舍学习，从此将阮元作为自己治学的精神领袖和榜样。在诂经精舍读书的时候，他就立志要以经史之学为用，学习十分刻苦，很有温州人拼搏的韧劲。也正是有了求学时的亲身经历，黄体芳真切感受到怎样的学问是最紧迫需要的，因而他将诂经精舍的教学模式都沿用到南菁书院来。

江阴是江苏学政的驻地，三百年来都是如此，黄体芳决定就在江阴效法诂经精舍的办学思路而建立南菁书院，聘请著名学者张文虎为首任山长。但张文虎几个月之后因病离任，继任者是经学大师黄以周。黄以周曾是俞樾最出色的弟子之一，是诂经精舍的高才生，他在掌教南菁书院的十五年里，坚持"专课古学、经学，以救时文之弊"，将自己曾在精舍里所学之精髓予以传承，包括教育模式也沿用诂经精舍的崇尚实学。

有自由而宽松的治学氛围，亦有德高望重、学术为上的山长，南菁书院得到了江苏乃至全国学术人士的高度赞赏。许多读书人都慕名而来，只要有对经史之学独到的研究，又能有潜心学习的定力，无论老少贫富，都可以来南菁书院读书。

曾有一位 60 多岁白发苍苍的宿儒，听闻黄体芳在江阴建了一所可以真正治学的书院，不远千里赶来求学。经过一番考试，黄体芳和黄以周都十分欣赏他的卷子，因此这位宿儒也被录用。后来黄体芳还特意为他解决家境贫困的难题，请他做了斋长，多为他争取一些膏火。这也是黄体芳创办南菁书院的目的，唯学术与人才论。

黄体芳任江苏学政的这几年里，把许多精力都投在南菁书院的发展上。由于书院和诂经精舍一样都是属于公办性质，黄体芳自己慷慨解囊出资助力不说，还为其四处募捐，希望能得到财力的支持，因而他请来许多当地的官员赞助书院。据说，左宗棠二话不说，第一个拿出自己的 2 万两积蓄用于书院膏火支出；朝中大臣们也都纷纷捐助，而且都是县级以上的官员，有江苏巡抚、安徽巡抚、湖北巡抚、前江西巡抚、前漕运总督、江宁布政使、苏州布政使、江苏按察使等等几十位，他们的姓名和官职与所捐助的钱额都刻在石碑上，流传了下来，以示纪念。

三年后，黄体芳离江苏学政任。后来的历任学政也都佩服赞扬他开创南菁书院的功劳。因为南菁书院培养了许许多多的人才，于是后人将其木主置于书院之中，与郑玄、朱熹两位并祀。

越是国家危难之际，越能体现一个人的担当，朝廷官员为国之使命更是如此。晚清时局动荡，黄体芳坚持要锻造实用型的人才。南菁书院与诂经精舍略有差异的地方是，前者祭祀的先贤是郑玄与朱熹，而后者祭祀的则是汉儒许慎、郑玄。我们不难理解，黄体芳虽然要维护汉学正统的地位，但也接受朱熹理学的思想。这更多的是一种调和，是希望现世的学者能将汉学与理学融会贯通，得以致用，而为国家现世之用的学识文化才是为学之道。但在排序上，仍然将郑玄列于朱熹之前，说明南菁书院更看重经史，汉学为基石，兼采理学，所谓"训诂主汉学，义理主宋学"。

南菁书院最后刊刻出版的《皇清经解续编》和《南菁丛书》，成为书院20多年办学历史的成果。与诂经精舍比起来，南菁书院虽然历史短暂，但哪怕是惊鸿一瞥，它也有存在过的真实意义。

遗憾的是，黄体芳仅仅掌教精舍不到半年就病逝了，人生何其难料！终年68岁而已。

◎ 孤山

其子黄绍箕（1854—1907）自幼深受父亲治学的影响，一生注重训诂，尤其精于金石鉴赏，从政以后也不忘经世之学，后来也成为晚清著名学问家和藏书家。他的藏书楼以"蓼绥阁"命名，与孙诒让的玉海楼、项霁的水仙亭并称为瑞安三大藏书楼。

百年后的今天，若有时间走一趟温州寻书之路，温州市图书馆一定不能错过，它的前身便是籀园，而籀园里的最早一批经典藏书，就有一部分来自黄绍箕蓼绥阁的捐赠。1923 年，蓼绥阁藏书 1101 部 9195 册悉数由绍箕的后人寄存于籀园，后全部捐赠。在这些泛黄的书里，有众多十分珍贵的宋元明善本。善本的流传，仿佛看到了黄体芳对诂经精舍之精神的另一种传承。

一封紧急的聘书：汪鸣銮

一封紧急的聘书

俞樾掌教诂经精舍的最后几年，心绪难宁。

光绪二十三年（1897）的八月，俞樾在编次诂经精舍的最后一部文集时，心中感慨万千："嗟乎！此三年中，时局一变，风会大开，人人争言西学矣。而余与精舍诸君子，犹硁硁焉抱遗经而究终始，此叔孙通所谓鄙儒不通时变者也。……精舍向奉许、郑先师栗主，家法所在，其敢违诸？风雨鸡鸣，愿与诸君子共勉也。"

世事变化万千，汉学延续千百年却要面临西学的改革，如此之快，如此之彻底，令俞樾和精舍的弟子们感到一种无能为力的忧愁。然而即便如此，他仍然不忘两位先师的初心，更没有忘记阮元创办精舍的初衷，因此写下这篇序言，并将其附在《诂经精舍八集》的前面，以示互勉。

光绪二十五年（1899），黄体芳掌教诂经精舍不到半年病逝，精舍诸生请求当时的巡抚刘树棠请俞樾再起东山。这一年的八月，巡抚刘树棠写了一封信寄给俞樾，信里表达了诂经精舍诸生和浙江当政者都十分希望俞樾能重新回去任教。俞樾收到信后，心里也有种说不出的滋味，在上任巡抚廖寿丰时，他就已经写过很多封信表示不愿再出山，不到一年时间，虽然心中对诂经精舍有万般不舍和留恋，然而时局已变，精舍改学堂的命运也不会改变，留在精舍又能做些什么呢。为此，他写下一首诗《诂经精舍今岁又虚讲席，刘景韩中丞两次来书，请复主诂经，而精舍诸生亦同禀中丞力申是请，率赋小诗谢之》：

> 袁翁八十太颓唐，坛坫湖山卅载长。
> 世上从无不散席，人生难得好收场。
> 蛇成画足功徒费，豹死留皮愿或偿。
> 他日讲堂香一瓣，可容末坐附孙王。

一句"世上从无不散席"道出了世事之辛酸无奈，俞樾认为，他在诂经精舍的31年已经是人生幸事了，如果再续讲堂，恐怕只会得来画蛇添足的结果。于是他婉拒了邀请，并推荐了昔日门生，也是今日侍郎的汪鸣銮代之为山长。

不过在黄体芳与汪鸣銮两位山长之间，还有一位仁和人谭献主讲过小一阵子。谭献《复堂日记》补录：光绪二十六年（1900）九月廿六日，诂经精舍监院曹树培送刘抚部延予辛丑掌教精舍聘书来。回忆乱后，重建精舍，予监院数载。前尘如梦景，老殡首蓿，惘惘如何？[1] 在谭献的日记中，他讲到自己曾收到时任巡抚刘树棠的聘书，时间是光绪二十六年九月二十六日（1900年11月17日）。

关于汪鸣銮，叶昌炽曾为其撰写的墓志铭里有他生平介绍：

汪鸣銮，字柳门，钱塘人。七八岁能识篆文，同治三年成进士，授编修。覃心经学，谓经义非训诂不明，训诂非文字不著，讲求经义必从《说文解字》入手。生平景仰许慎至笃，光绪二年典试河南，以许氏为召陵里人，因自号郋亭。疏请以许慎从祀文庙，下部议行。山右大祲，命察赈务弊端，章凡数上，俞允查办，全活甚多。五年典试江西，旋拜督学之命。六年丁父忧，服阕补侍讲，转侍读，九年授侍读学士，督学山东。十一年授内阁学士，督学广东。使还，

1　王国平主编：《西湖文献集成》第20册，杭州出版社2004年，第706页。

补工部左侍郎。十七年充山东考官，二十年充会试副总裁。历充阅卷读卷大臣，衡文荣遇，无岁无之，时外衅迭起，廷议纷更，鸣銮语及时事，辄中夜太息。命在总理各国事务衙门行走，并充五城团防大臣。二十一年三月和议成，鸣銮戚戚不乐，迁吏部右侍郎，寻被旨放归，主诂经精舍、敷文书院，凡六年卒。[1]

汪鸣銮（1839—1907），字柳门，号郋亭，又号得士，浙江钱塘人。七八岁的时候，汪鸣銮就已经能够识篆文，很有天赋。同治三年（1864）获进士，由庶吉士参加朝考，授予编修。汪鸣銮生平十分景仰许慎，他常说："圣道垂诸六经，经学非训诂不明，训诂非文字不著。"自身治学讲求经义训诂，凡是文字词义必定要从《说文解字》入手，因而养成了严谨治学的品行。光绪二年（1876），汪鸣銮典试河南，经过召陵，由于召陵是东汉许慎的故乡，汪鸣銮便自号为郋亭，足见汪鸣銮对经学的酷爱。

在他的履历年表中，他历任陕甘、江西、山东、广东学政，典试河南、江西、山东，尤其注重实学。为官十分务实，当年山西一带遭遇灾祸，州县官办冒充赈灾，朝廷命汪鸣銮下去彻查赈务弊端，汪鸣銮接令后严格查办，保全了很多人。

同治十年（1871），丁母忧，光绪六年（1880），丁父忧，父母的接连离世令汪鸣銮备感愁绪。在为政之路上，他始终秉持实事求是之风，因而无论视学何处，都能做到以身作则，严于律己。他在任工部左侍郎的六年里，励精图治，革新除弊，提拔谭钟麟等众多人才。

时局动荡，汪鸣銮更觉责任重大，常常思虑清廷积弊，这样的正气人格也深受光绪帝的器重，声望也日渐增高。光绪二十年

1　叶昌炽撰墓志铭，李榕等：《杭州府志》卷一百四十六，民国十一年本。

◎ 岁月流淌 山长往事

（1894），他与翁同龢同日奉旨在总理衙门行走。

关于张謇的选拔，就曾有过一件趣事：这年正值慈禧太后60岁大寿，特设恩科会试，张謇、谭延闿等都参加了这场会试。由于张謇深得翁同龢、汪鸣銮的赏识，因此两人竭力提拔他，会试时，汪鸣銮任副主考，也担任大部分的阅卷工作。偏偏阅卷时错把陶世凤的考卷认作了张謇，于是等成绩结果一揭晓，张謇只得了第30名，而那陶世凤却得了第一。当然名单一出不能再改，后来殿试时，翁同龢命收卷官直接将张謇的卷子交到自己手里，亲自评卷不说，这次还专门交代了其他的阅卷大臣相关事宜，要求列张謇为第一名，当然张謇最后也确实得了状元。这件事也反映出汪鸣銮在当时选拔人才工作中的重要作用。

吏部侍郎的人生转折点

然而不久，就发生了令汪鸣銮政治生涯发生转折的标志性事件——直谏上书，他永被革职。

翁同龢（1830—1904）是同治帝、光绪帝的老师，曾官户部、工部尚书，军机大臣兼总理衙门大臣。康有为称翁同龢是"中国维新第一导师"，可以说他在清廷中的地位相当高。晚清时期，面对西方资本主义入侵，清廷内部开始分出保守派和抵抗派两大分野的派系，前者在政治上主张妥协，后者则相反主张抵抗。以军机大臣翁同龢为首的这一队伍则是主张顽强抵抗的后者，因而被称为"后清流派"。

在翁同龢的这支队伍中，大部分人是他昔日的门生，并多由其提拔任用，其中的六人最为著名，他们是汪鸣銮、文廷式、志锐、张謇、徐致靖和沈鹏，被称为"翁门六子"。"翁门六子"中，汪鸣銮位列第一，声望相对最高。他们政治上主张"反对条约、反对割台、拒和再战"，而这里说的条约，指的就是《马关条约》。

中日甲午战争失败后，清政府签订了《马关条约》，内容规定将辽东半岛、台湾全岛及其附属岛屿、澎湖列岛割让给日本，并赔偿巨额白银。这场战争从一开始就出现了内部的纷争，慈禧太后和李鸿章主张妥协，而翁同龢、汪鸣銮、李鸿藻等人坚决不肯割让台湾，当时光绪帝亲政不久，虽然很渴望能够政治上自己做主，但鉴于慈禧太后的阻挠，始终困难重重。光绪帝多次召见汪鸣銮等大臣商讨事宜，汪鸣銮直言割台一事万万不可，可这事后来传到了慈禧太后耳朵里，慈禧火冒三丈，给光绪帝下了一条死命令：将汪鸣銮等革职永不叙用。

光绪二十一年十月十七日（1895年12月3日），谕令如下：

朕敬奉皇太后宫闱侍养，夙夜无违，仰蒙慈训殷拳，大而军国机宜，细而起居服御，凡所以体恤朕躬者，无微不至，此天下臣民所共知者也，乃有不学无术之徒，妄事揣摩，辄于召对之时，语气抑扬，周知轻重。即如侍郎汪鸣銮、长麟，上年屡次召对，信口妄言，迹近离间。当时本欲即行宣播，因值军务方棘，恐致有触圣怀，是以隐忍未发。今特明白晓谕，使诸臣知所儆惕。户部右侍郎长麟，吏部右侍郎汪鸣銮，均着革职永不叙用，此系从轻办理，嗣后内外大小臣工，倘敢有以巧言尝试者，朕必加以重罪，尔诸臣当知忠孝一原，精白乃心，弼余孝治，有厚望焉，钦此。[1]

这则谕令，将处置事情来龙去脉讲得很明白，先是从皇太后从小侍养自己说起，将慈禧太后对光绪帝大事小事照料得"无微不至"也一并备述，在此背景之中提到汪鸣銮和长麟屡次直谏，虽然没有

1 中国第一历史档案馆编：《光绪朝上谕档》第21册，广西师范大学出版社，2008年，第396—397页。

提到具体什么事情，但是将他们定性为"不学无术之徒"，又"妄事揣摩"，言辞之间不知轻重，只能说光绪帝的这份谕令源自他们触及了太后的忌讳。

三年后的光绪二十四年（1898），翁同龢也被革职，永不叙用。

革职后的"归来"

在李榕等《杭州府志》里，记载了叶昌炽为汪鸣銮所撰写的墓志铭。关于这件事，墓志铭结尾只用草草一句："二十一年三月和议成，鸣銮戚戚不乐，迁吏部右侍郎，寻被旨放归，主诂经精舍、敷文书院，凡六年卒。"[1]

汪鸣銮被革职以后，回到苏州读书闲居，翁同龢去职后也回到了老家常熟，过起了乡居生活。两人常常写信聊以慰藉。光绪二十六年（1900）八月初四，翁同龢给汪鸣銮回信，并寄去了两瓶山茶，信里说：

承手教以古刻名斋，甚感感。华阴本世所失睹，东瀛覆本，殆不其然，卫公题名一行，何模糊至此？新秋风起矣，菊信渺然，枯杨断筱，令人嗟叹。时疫日甚，本山茶两瓶，聊发一笑不次。名顿首，初四晚。[2]

翁同龢回到常熟以后常常以碑帖书画消遣，信里所说的古刻名

1　叶昌炽撰墓志铭，李榕等：《杭州府志》卷一百四十六，民国十一年本。
2　李文君：《翁同龢致汪鸣銮信札考释》，《苏州科技大学学报（社会科学版）》，2019 年第 5 期。

斋，是他们之前所聊起的旧拓《鲁峻碑》。虽然没有多说其他的事，"菊信渺然，枯杨断筱"，文字间却充满了人生无奈。好在两人常会碰面，翁同龢每年过生日，汪鸣銮都会去常熟祝贺，他们还一同游览虞山等地，小饮长谈。往来信间，翁同龢还附带寄上一些美食，如松江鲈鱼、枫泾冻蹄，彼此之间的交情十分深厚。

又一信，内容写的是关于俞樾：

郇亭老弟台阁下：前奉手教并种种珍食及曲园先生诗，时以学之。感不及奉报，并画诗置案头，亦未展读，盖悟恍如梦也。今日又读慰函，辞意隆厚，感何如也！兄儽然空山一僧耳！世缘皆净，惟天属之爱不能尽忘。兼暑病累旬初愈，遭此百疾并集，不堪觇缕也。草草敬颂日安不答，兄龢顿首，八月廿六日。[1]

这封信写于光绪二十八年（1902）八月二十六日，当时汪鸣銮已经掌教诂经精舍。内容里提到俞樾的诗，是指他所作的《光绪二十八年六月辛亥，浙江巡抚任公以樾中式道光二十四年甲辰恩科举人，遵例于光绪二十九年癸卯正科重赴鹿鸣筵宴，先期陈奏，奉上谕"俞樾早入词林，殚心著述，教迪后进，人望允乎，加恩开复原官，准其重赴鹿鸣筵宴"，闻命恭纪》四首七律，收录在《春在堂诗编·壬寅编》中，全诗为：

> 贞元朝士幸犹存，重领乡筵酒一尊。
> 少日风流岂红袴，暮年光景已黄昏。
> 迂疏未足孚人望，衰朽何堪滥圣恩。
> 为有疆臣援例请，颁来天语倍加温。
>
> 回思壮岁踏名场，费尽槐花四度忙。

1　李文君：《翁同龢致汪鸣銮信札考释》，《苏州科技大学学报（社会科学版）》，2019 年第 5 期。

待补曾经登小榜，联科颇足慰高堂。
空山久冷姜家被，恩地全荒陆氏庄。
留得漫郎声叟在，又来广坐听笙簧。

卌六年来草莽臣，重烦丹诏起沈沦。
试从废籍稽昭代，再入词曹得几人。
喜有故官题墓碣，怅无前辈列朝绅。
只愁计较芸香俸，苦为吾孙步后尘。

忽闻恩命降从天，自抚衰躬转黯然。
晚许祖孙同翰苑，未容兄弟共宾筵。
望中长路五千里，梦里前游六十年。
尚有琼林一杯酒，春风能否再流连。[1]

　　此诗是俞樾为重赴鹿鸣宴所制，里面谈到了他和孙子俞陛云同官编修，也是历史上比较罕见的事。汪鸣銮在给翁同龢信里奉上俞樾的诗，将自己的老朋友推介给翁同龢，也可见他对俞樾的景仰溢于言表。

　　被革职以后，汪鸣銮专心致力于金石研究，继续曾经年少时读经史典籍的故事，并主讲于诂经精舍。同治四年（1865），其实是汪鸣銮师从俞樾的开始，因为正是在这年汪鸣銮治学于诂经精舍。于是在他生命的最后一站选择回到精舍掌教，对他来说，会不会是另一种意义上的"归来"呢。

1　俞樾著，徐元点校：《俞樾全集》第 17 册，浙江古籍出版社，2017 年，第 555 页—556 页

第七章

精舍弟子·人物春秋

重访故园：国学大师章太炎

两棵枇杷树

赶了很久的路。

抵达杭州的第二日，忽然起风了。太炎先生从床榻上起身，望着檐下疏淡的物境，凝若出神。"老师在唤我了。"话毕，他从箱子里拿出一件暗色长马褂给自己端正换上，便到外屋叫来随行的两个弟子，郑重地说道："你俩速去换上马褂，今日与我一道出门。"

"老师，我们向来不备马褂，只有这身上的长衫，这……"弟子存仁面露窘状，也疑惑章师不知有何重要的事如此急切。

"行，行，那么去买些香烛和水果。"太炎先生虽然无奈，但也只好作罢，心中不免略有遗憾，因为所要见的人，是他曾与之不和相绝而又深怀敬意的恩师——俞樾。

时过境迁，昔日繁盛热闹的俞楼却显得冷冷清清，恍如隔世。

他们三人慢荡过昭庆寺，沿着河滨一带散步至楼外楼旁边的俞楼，不必多言，弟子们一到门口便已明了：原来先生是来拜祭老师了。

"你们来做什么？"只见一名扫地老妪停下手里的活，举起扫帚挡住他们的路。

"我们是来拜祭先生的。"存仁上前说道。

那老妪也不大明事理，瞧着这三人打扮很是奇怪，又提着许多香烛，疑心是来闹事的，便只管拿起扫帚逐客。章太炎只好命弟子一起在门外不远的土墩上等候着。

大约过了两个时辰，门里出来一人，章太炎诚恳说明来意，对方说："俞楼已经多次易主，所以屋内没有一人是姓俞的。"不过答应可以进去看看，于是太炎三人便在这位主人的陪同下一起进到俞楼里。

多年过去，庭园里曾经日日相伴的两棵枇杷树如今还在，饱经霜雪的太炎心中难掩波澜，说："这仍是旧时之物。"随后，他走到大厅，抬头又见一幅横匾，题字"春仍在"，又说："这也是曲园老人的遗墨。"

"花落春仍在，天时尚艳阳"，这是老师俞樾最爱的诗。二十多年过去，生活依然继续，生命却就此一别。他转身命弟子把香烛燃起，行三跪九叩首之礼，而此时陪在一旁的陆姓主人早已被眼前的一幕看呆了，他怎么也不会想到这位穿长马褂的人竟是俞樾曾经的弟子。

"存仁，你去拿纸笔来，我要留几个字。"章太炎看到左边厢旁旧时自己读书的地方，回想起了20多岁时在这里读书写字给老师写信的日子，就忍不住想留墨。却不料这里只有笔墨没有纸，太炎顿时更加黯然，只好拿笔在墙上题了两首诗，于是告别俞楼。

俞樾仙逝后，章太炎是否曾后悔当初写下令老师痛心不已的决裂信，我们已无从得知。或许，在俞楼横匾"春仍在"三字前，在厢旁庭园枇杷树下驻足时，我想，太炎是寂寞的。

不客气的《谢本师》

如果要追溯，就要把时间推前至 20 世纪初，缘起于他公然写给老师俞樾的一篇短文《谢本师》。

光绪二十一年（1895），甲午战争后的中国令许多文人不能埋头于书斋，章太炎便是其中之一。这年，康有为在北京设立强学会，为了征集更多的人入会，他把强学会的宣传章程分发到各个书院。忽然有一天，章程传到了章太炎的手中，他就认真地读了起来，内容大多是与富国强兵有关的，读完后他缴纳了 16 元的会费，于是正式报名入会。

光绪二十二年（1896），康有为的弟子梁启超等人在上海创办《时务报》。甲午战争失败后，当时全国各地创办了许多新式报刊，变法风气大开。章太炎此时还没有离开诂经精舍，然而究竟做不到两耳不闻窗外事，刚好收到梁启超的信函邀约，希望他能到上海去为《时务报》撰稿。于是，章太炎决心不再闭门苦读诗书，准备离开精舍，前往上海投入政治活动。

听到这一消息，俞樾心里很不高兴。

"你已经决定了？"老师愁容不展问道。

"老师，学以致用为您所教，我希望能出去看看。"章太炎回答。

俞樾虽然内心十分希望眼前这个秉性聪慧的弟子能够延续经史命脉，专注学术，但他也深知，这所小小的精舍已经关不住太炎，再加上时局动荡，难有真正潜心学术的年轻人了，俞樾也只好心凉同意。

于是历史照常发生，就这样，章太炎在辞别了诂经精舍后，孤身赶赴上海，去实现他的抱负志向，担任当时《时务报》编务。

可偏偏命运弄人，戊戌变法失败后，章太炎避走台湾，还剪去了自己的发辫，以示自己的立场。不久回来后，他仍无处可居，刚刚回到家中还没几天，就遭到各方的举报，只好继续奔走逃难。

同门好友宋恕此时送来一个好消息，据说苏州东吴大学正在招聘教员，不如去学校里教书，也不至于衣食没有着落。太炎一听，欣然说好。

光绪二十七年（1901），俞樾已经辞去诂经精舍教职而定居苏州曲园。一天，章太炎听闻老师在苏州，便前来拜访问候。多年未见老师的章太炎本想在恩师面前苦苦诉说一番自己的经历，却没想被老师当面一顿厉声呵斥："闻而游台湾。尔好隐，不事科举，好隐，则为梁鸿、韩康可也。今入异域，背父母陵墓，不孝；讼言索虏之祸毒敷诸夏，与人书指斥乘舆，不忠。不孝不忠，非人类也，小子鸣鼓而攻之，可也。"

这样严厉的训斥是章太炎万万没有想到的。因当时台湾被日本占领，在俞樾的认知里，君子可以有学术的争议，但绝不可以忘本，而这"本"恰恰是忠君爱国。弟子太炎如今的所作所为已经偏离了君子的轨道，不仅在台湾撰文抨击清廷，还剪去发辫，俨然已无俞门弟子样，这叫他怎能接受？

一怒之下，俞樾将章太炎逐出师门。

太炎退出曲园后，心中难掩不快。他始终不明白，为什么平日里思想开明、亲善宽容的老师对此却不能理解，他甚至为自己感到委屈。

不久，他便写下一篇《谢本师》，文中说："盖先生与人交，辞气陵厉，未有如此甚者，先生既治经，又素博览，戎狄豺狼之说，岂其未喻，而以唇舌卫捍之。将以尝仕索虏，食其虏禄耶？昔戴君与全绍衣并污伪命，先生亦授职为伪编修，非有土子民之吏，不为谋主，与全、戴同。何恩于虏，而恳恳蔽遮其恶？如先生之棣通故训，不改全、戴所操，以诲承学，虽扬雄、孔颖达何以加焉！"

文章一出，决绝之意，跃然于纸上。

章太炎并不是老师所认为的那样不明事理，他虽然政治上赞同康有为，但学术观点根本不同。按照太炎先生的弟子钱玄同先生的说法，就是古文经学和今文经学两个极端的争辩：

过去学者凡研究经学的最大的缺点就是所谓家法师说。犯此病的，尤以汉人为甚。汉以后学者比较好一点，但依然不免也会有这种意味。虽以清儒之"实事求是"，亦有所不免。在清末有两位学者，可以说集2000年来经学派别之大成，一是康有为，一是章太炎。他们两位都是经学大师，但他们的见解是极端相反的。康偏于微言大义，而太炎先生则特别偏重于训诂名物。……

关于章、康两人对于经学的态度，我们可以由他们的两句话看出来，康氏在他的《孔子改制考》中有句话，即"六经皆孔子改制所作考"，这差不多是康氏的口号。至于太炎先生，在他的《原经》中有句话，即"六经皆史"，这也就是章先生的口号。章先生最看重历史，他认为印度之所以如此，就因为他们太不看重历史了。中国有3000年的历史，假如历史不亡，则中国还有复兴希望。[1]

出于民族救亡、变法维新的需要，章太炎选择站在康有为、梁启超这边。晚年日本入侵，他临终仍留下掷地有声的两句话："设

---

1 转引自吴锐：《钱玄同评传》，百花洲文艺出版社，1996年，第110—111页。

有异族入主中原，世世子孙毋食其宫禄！"鲁迅也由此以为，太炎先生的业迹，革命的实在要比学术的大，当然这是后话。

就此，章太炎与俞樾师徒情谊决裂，而这一次相见，也是他们生命中的最后一次碰面。

自光绪十六年（1890）肄业于诂经精舍，至光绪二十二年（1896）抵达上海，太炎先生在诂经精舍研习了近七年的时光。

七年之间，万事万物都在变化，人之思想自然也不例外。生活在那样一个说变就变的时代，我又不免在想，何谓真实呢？

"花落春仍在"，太炎踟蹰在俞楼的枇杷树前，是否有过一丝遗憾，遗憾何必当年如此决绝，遗憾何必出走精舍，倘若留在园中避世治学，会不会有不一样的人生。

历史仿佛在照镜子，当章太炎公然与军阀孙传芳、吴佩孚联合反对统一后，他的学生周作人也效仿老师昔日这篇出名的《谢本师》，在 1926 年的《语丝》周刊上发表了一篇《"谢本师"》，这听来多么传奇。周先生言辞锋利地说："先生现在似乎已将四十余年来所主张的光复大义抛诸脑后了。我相信我的师不当这样，这样的也就不是我的师。先生昔日曾作《谢本师》一文，对于俞曲园先生表示脱离，不意我现今亦不得不谢先生，殊非始料所及。"

俞樾也罢，太炎也罢，不过是个人立身处世的原则和政治立场的不同。但我总是相信，枇杷树下七年的师生之情，不会不被漫漫的时间所宽容，哪怕只是一瞬之念。

书信自荐高材生

　　章太炎（1869—1936），又名章炳麟，是俞樾弟子中名气最大、学术成就影响最大的一位。章太炎出生在杭州余杭的仓前，现在的仓前老街上，沿余杭塘河一岸便是章太炎的杭州故居。其父章濬曾在诂经精舍里做监院，因为与俞樾有共事，赞佩于俞先生的治学态度，因此也十分希望儿子能师从俞先生，精研经史，学有成就。

　　入诂经精舍学习前，章太炎并非一张白纸。他曾在家族兄长的启蒙下，对许慎的《说文解字》、段玉裁的《说文解字注》、顾炎武的《音学五书》、郝懿行的《尔雅义疏》这些经学典籍谙熟于心，以至于在日后自己也做老师讲学时，仍然专门讲授《说文解字》等。

　　章太炎曾自言："二十岁，在余杭，谈论每过侪辈。忖路径近曲园先生，乃入诂经精舍，陈说者再，先生率未许。"[1]那时的太炎还未正式入精舍，但入学需要有山长的应允。俞樾收纳学生的要求可不低，他便先拿出《礼记》《孝经》里各一条考题问一问太炎，没有想到，太炎都能回答出来，让俞樾很是欣赏。

　　光绪十六年（1890）正月，父亲章濬去世。为了遵从父亲的遗命，章太炎进入诂经精舍治学，那年，他23岁。

　　原以为进了精舍念书便可以与大师朝夕相处，听课求教，然而我们都错了。太炎在刚入诂经精舍的那几年里，其实与俞樾很少有当面来往，大多时间都是独自一人研究经史，并且撰写读书札记。《膏兰室札记》与《春秋左传读》便是他学术成长的最好见证，大约都完成于光绪十七年（1891）至二十二年（1896）间。

1　诸祖耿：《记本师章公自述治学之功夫及志向》，《制言》，1936年第25期。

初先写就《膏兰室札记》，前后有三年。这本札记内容主要是对儒家经籍、先秦诸子以及汉代著作和一些史书的考释。那时的学生听课思考常常喜用札记，老师备课讲课也如此，每当读到有感触之处，或难点疑点，便查阅资料，做好一番详尽的笔头记录。

写札记，在清代的书院里十分流行，也是乾嘉学派治学的一种基本方法，从阮元开始便都是如此。就像今天在校园里受学生们热捧的手账本、摘记本，几乎不用语文老师来布置，就早已在他们的小圈子里传阅开了。爱花心思的女生还会挑选喜爱的贴纸胶带，装饰一番，当然，文字思想才是最重要的。

厚厚一本札记三大卷，共 474 条读书感悟，其中明确为诂经精舍考课课艺的有四篇，是《无酒酤我解》《束矢解》《髡者使守积解》《西旅献獒解》。里面还有一些零散的札记篇目曾是诂经精舍的考课命题，如《不磨蚕》这一篇是出自《经课续编》里的课艺《不磨蚕解》。

另一本札记《春秋左传读》，他主要考证了《春秋左氏传》中的古字古词、典章制度微言大义等。[1]

应当感谢精舍这些运作有序的考课机制，有人推着自己往前走，或许远方路途会不那么艰难。他按照俞樾的治学要求，为自己制定了"审名实、重佐证、戒妄牵、守凡例、断情感、汰华辞"这六条治学方法，太炎先生也确实做到了苦读与坚持，毕竟这几年的独立思考是日后学术成就的重要基础。

平日里难得见到老师，又如何才能与老师交流想法呢？

---

1 此段及上段叙述参考了刘明：《章太炎肄业诂经精舍考》，《近代中国》，2020 年第 1 期。

这可绝不是玩笑，那会儿甚至有的学生入精舍足足十年，都未曾见过老师一面，这叫太炎犯了愁。直到光绪十九年（1893），章太炎终于按捺不住，便给俞樾写了一封信。

信里这样说：

自逮门下，星历三移，猥以蟠木恒材，得家雕饰。而僻居下邑，拥蔽朴愚，未得一侍董帷，亲奉几杖，岂直怅惘，负咎实深。

意思是，自从来到俞师门下学习已有三年了，日转星移，虽然才智愚钝，然而也不忘初心勤奋向善。只是还未能亲自得到俞师的教授，更无法以弟子之礼来孝奉老师，以至于心中留下深深的遗憾。

除此以外，他还将自己所写的《春秋左传读》一并奉上，恳请老师审读。他还提到了希望能申请高材生，因为精舍里的高材生有额外固定的专项经费保障，每人可比其他人多得银六两，不至于常常为生活所苦恼。

老师收到信后，仔细阅读之，但对于他的读书成果，俞师虽然觉得观点新奇，但是年轻人读书治学还需务实审慎，更应谦逊一些。

这封信，算是章太炎与俞樾的第一次比较正式的书面往来。

至于高材生的后续如何呢？

凭借太炎的才学，最终还是获得了精舍的认可。

天底下的老师无不希望自己的学生将来能够有所成就，俞樾当然也是如此。也许太炎并不知道，自己的恩师常在外面夸赞他，甚至好几次亲自写信将他推荐给时任江苏学政的瞿鸿禨，称赞太炎才学出众，经学尤甚，是精舍里的高材生，是否能以第一名的成绩被朝廷推荐录取，等等。读到这里，再回想那篇《谢本师》，实在又有说不出的滋味来呢。

听课在东京：周作人的回想录

周作人先生生平的最后一部作品，书名叫作《知堂回想录》。书里有两篇关于他的老师章太炎的人物速记，其中《〈民报〉社听讲》写的就是章太炎在日本东京所办的国学讲习会讲课之事。

1908年间，在东京念书的周作人，与鲁迅、许寿裳、朱希祖和钱玄同一共五人合租在作家夏目漱石住过的房子里。想想都是美好的，二三十岁的青年人，身上仿佛充满了使不完的力。

听说同盟会的机关报《民报》社里有位大师在讲课，讲的还是《说文解字》，这消息传来，立刻引起了他们的注意，尤其是鲁迅。于是大伙儿兴致高昂地跑去听课，讲课的人，便是国学大师章太炎。

小石川区新小川町，每个星期日的早晨，在一间只够容纳八个位子、一张矮桌的小房子里，章太炎先生坐在一面，学生们围着三面听讲。当时的小班里，钱玄同、朱希祖、龚宝铨、许寿裳、鲁迅、周作人、朱宗莱和钱家治一共八人参加听课。《说文解字》是教材，章先生就这样不紧不慢地讲下去，一个字一个字地分析过去，当中还不时有所延伸。

讲完了《说文解字》，又讲《庄子》等等。

为了讲学需要，太炎先生还制定出古韵23部、古声21部，在文字、音韵、伦理、逻辑、文学、史地等领域作了总结性又有开拓性的整理。

"太炎对于阔人要发脾气，可是对青年学生却是很好，随便谈笑，同家人朋友一般，夏天盘膝坐在席上，光着膀子，只穿一件长背心，留着一点泥鳅胡须，笑嘻嘻地讲书，庄谐杂出，看去好像是一尊庙里哈喇菩萨。"

这是章太炎离开诂经精舍以后所创办的第一个章氏国学讲习会。也因为在日本的讲习会里与鲁迅他们有过师生之间的交往，所以说太炎先生是他们的老师也是理所当然的。

在他的一生中，创办过三次国学讲习会，分别在东京、北京和苏州。如果说在东京的那次多是为避难为生计所迫，那么第二次则是为政治，最后一次才算是较为纯粹的为学术的传承。

1935 年 9 月，64 岁的章太炎在苏州锦帆路五十号创办章氏国学讲习会。发起人有朱希祖、钱玄同、黄侃、汪东、吴承仕、马裕藻、潘承弼等。协赞人有段祺瑞、宋哲元、马相伯、吴佩孚、李根源、冯玉祥、陈陶遗、黄炎培、蒋维乔等。讲习会的学制是二年，分为四期，各期的安排如下。

第一期：《小学略说》《经学略说》《历史学略说》《诸子略说》《文学略说》。
第二期：《说文》《音学五书》《诗经》《书经》《通鉴纪事本末》《荀子》《韩非子》《经传释词》。
第三期：《说文》《尔雅》《三礼》《通鉴纪事本末》《老子》《庄子》《金石例》。
第四期：《说文》《易经》《春秋》《通鉴纪事本末》《墨子》

《吕氏春秋》《文心雕龙》。[1]

只要看到这里罗列的篇目和次序，大概就可体会到章太炎晚年的心境已和过去不同，几乎可以说，这些都是他年少读书时的治学经历，又或者说，他大概已经领悟到了对经书子书的考证要以自身为践将其延续的必要性。为自己的人生画一个圈，终要回到原点。

有人回忆当时的情景说："当时章太炎先生住在苏州，经常来国专讲学。章先生一口余杭土话，又是烟卷不离口，讲时详征博引，很不易懂。幸有随从弟子作快速板书和记录（记录即印发），才解决了一些听众的困难。"[2]

这样的场景，让我想起另一位国学大师陈寅恪先生晚年在中山大学讲课的样子。1956 年他讲"元白诗证史"这门课时，最初有30 多人来听课，但是很多学生听不懂讲课内容，难度较大之外，也因为像太炎先生一样乡音很重，他就让助手提前把他逐条查证过的关键字词及难懂的内容写在黑板上。

气喘鼻炎让章太炎愈加衰弱，不过他没有停下来。很多外地的年轻人想见一见大师，他们就从全国各地奔涌而来，苏州的讲习所成了追星的地方，最多的时候有近 500 人，有大学教授，也有中学教师，还有一些中文系的学生，等等。穿长褂的，戴眼镜的，大家拥挤围坐，只等着太炎先生进来说课。香烟一支接着一支，思路不止，烟也不止，他不在意身体的好坏，和鲁迅先生真是有得一比。

1　坂田新：《章炳麟先生和章氏国学讲习会》，吴少媛译，《杭州师院学报（社会科学版）》，1985 年第 3 期。
2　坂田新：《章炳麟先生和章氏国学讲习会》，吴少媛译，《杭州师院学报（社会科学版）》，1985 年第 3 期。

为人傲慢自然是他的脾性，但若论治学的精神，太炎先生无可置疑是令人敬重的。先生的心思都用在故纸堆里，其他生活之事一概不入记忆，以致晚年根本不知钱为何物，也不知身外一切为何物，外出买烟不过离家几十步的路，也能认真地迷路，可真不是故意装傻，还真是没有记住。而他哪些记得相当确切呢？必是书架上、床四周、地上桌上的书。有次冬夜他从梦里突然惊醒，没有穿衣就开始奋力找书翻阅，直到仆人进屋提醒，他才意识到身无着衣，伤风感冒必定速会驾临。这样子想象起来，太炎先生真是有些可爱。

等到《尚书》讲完后，太炎先生正准备开始讲《说文部首》，那时他已经不能进食，但讲课却仍勉力维持。那年他 69 岁。

倘若俞樾见到太炎此番传课情景，恐怕不会再计较他当年的冲动了吧。

1936 年 6 月 14 日，一代大师、俞樾的弟子章太炎在苏州病逝。鲁迅当时重病在身，依然抱病为其写下《关于太炎先生二三事》，对太炎先生的一生给予了高度评价："我以为先生的业绩，留在革命史上的，实在比在学术史上还要大。"许多名人纷纷哀悼，撰写挽联和诗文表达对先生的哀痛。浙江老乡蔡元培就写下这副挽联：

后太冲、炎武已二百余年，驱鞑复华，窃比遗老；
与曲园、仲容兼师友风义，甄微广学，自成一家。

挽联中既高度评价了太炎先生一生的功绩，又概括了他与老师俞樾的师友交往及学术自成一家的事实。

是遗嘱，是家书

　　章太炎是杭州人，魂归故土是他的心愿，于是他的夫人汤国梨女士就在杭州为他选择墓地，最后将他的长眠之地选择在了明末抗清的英雄张苍水的墓旁。1986年，杭州市政府为纪念太炎先生，就在他的墓地附近南山路上兴建了章太炎纪念馆，其邻边就是张苍水先生祠。

　　据说，太炎先生曾给自己留下一份遗嘱，他说："余自六十七岁以来，精力顿减，自分不过三年，便当长别，故书此遗命，以付儿辈。凡人总以立身为贵，学问尚是其次，不得因富贵而骄矜，因贫困而屈节。其或出洋游学，俱有资本者皆可为之，何足矜异，若因此养成傲诞，非吾子也。入官尤须清慎。若异族入主，务须洁身。"先生说，做人首先应该以立身为第一，须有人格，方可再谈学问之类；不能因为富贵而傲视于人，也不能因为贫困而卑微降低自己的节操；若有足够的经济条件，可以出国留学，但绝不能因此而养成高人一等的习性；人倘若想清楚了往后要走仕途之路，尤其不能忘记清廉和谨慎……内容读来，更像是留给子女辈的一封家书，感情至深至诚。

　　通常我们了解章太炎，关注的是他对中国文化方面所做出的贡献，以及他作为革命家的一面；而其实在培养弟子方面其有更多的成就，如果提到五四运动前后的一些北京大学的教授，如果提到鲁迅、周作人、黄侃、钱玄同、曹聚仁等，也许知道的人会很多，而他们都曾经是太炎先生的弟子，都被称为"章氏门人"。

　　在杭州仓前老街还有一处，是章太炎故居。壬寅年正月初三（2022年2月3日），杭州刚下过一场大雪。我在家里看书写作很多天了，现在只想出门，于是迅速撑伞启程，探访仓前老街的章太炎故居。

◎ 章太炎故居院内

　　初春的小雨一直沿古道落着，没有停下来的意思，一整条青石板老街上，除了间隔挂起的红灯笼，好像没有什么行人，不过乌墨色瓦檐与白墙老远就能一眼望到，走着走着也不会迷路，只管往里面走就是了。

　　没有门票，只需手机预约扫码就能进入，这比我想象中的顺利一些。进了故居大门，"扶雅堂"三字就在面前。厅中悬挂对联如是说，"才如有用休随俗，诗在无声略可师"。先生真是哲人，这是他对后人的训诫与期望。

　　仓前镇的族人大约是出于保全家族的考虑，曾经在章太炎被清政府关押期间，向官府表明将太炎逐出本族以划清界限，如今故居沧桑中仍然就在，故乡之情总是没法割断的。章太炎后被袁世凯软禁于北京，其身上所表现出的革命大无畏精神以及中国文人的骨气，真是 20 世纪中国知识分子历史上光辉的一页。

辛亥革命后，袁世凯篡夺革命果实，并有野心想要恢复帝制，这被章太炎立刻看破。却不想，袁世凯先人一步，将章太炎软禁起来，直到袁世凯死后才重获自由。最初被软禁在共和党本部，后移居龙泉寺，最后被软禁在钱粮胡同，这一关就是三年。

得知老师被关押，鲁迅、钱玄同等弟子们既愤慨又恼怒，但一时也想不出好的办法来营救老师。据说，袁世凯虽然以强硬的手段软禁章太炎，但也顾虑到他在国内的声望，不敢真的对他怎么样，反而让手下好好对待章太炎，但凡能够满足的条件都尽量满足，为此袁世凯写下八条保护令：

一、饮食起居用款多少不计；

二、说经讲学文字，不禁传抄，关于时局文字，不得外传，设法销毁；

◎ 章太炎故居馆藏

三、毁物骂人，听其自便，毁后再购，骂则听之；

四、出入人等，严禁挑拨之徒；

五、何人与彼最善，而不妨碍政府者，任其来往；

六、早晚必派人巡视，恐出意外；

七、求见者必持许可证；

八、保护全权完全交汝（指负责保护的陆建章）。

但这些禁锢自由的所谓保护的条件，对于一个有骨气的知识分子来说，根本不会动心。章太炎见自己出走不成，又无法见到袁世凯，悲愤之际，只能想到以绝食来表示抗议。在钱粮胡同，太炎先生只饮茶水，而拒绝进食。

故居的内容很多，其实可以更多、更多。我找到国学讲习会所办的刊物《制言》，还找到鲁迅先生曾经听课时的《说文解字》笔记。"哈，鲁迅先生的笔迹原来这样天真孩子气的。"忍不住在心里笑出声来，一笔一画好认真。

实在因为清冷没有什么访客,我就停下来开始翻看游客记录本。一翻又尽是遗憾,怎么大多是小孩子的笔迹,到此一游之类的还在出现,叫人失望。想起前年春天在嘉兴梅湾街朱生豪故居里同样看本子、看故事的样子,人们的留言韵味深长,我边看着陌生人的生活故事,边引用朱先生的诗给自己留了一句话,"令人愿意永远活下去"。可如今不能不让人怀疑,是不是会写情诗的人就真的受欢迎一些呢。太炎先生被当代人关注得太少了,而他的故居方方正正、严严实实地被包围在仓前的"梦想小镇"里。

从曲园到听枫园：海派大家吴昌硕

芜园

在孤山脚下的诂经精舍求学之前，吴昌硕还只是一个从湖州安吉的偏僻小乡村里走出来的年轻人，那一年是同治八年（1869），未谙世事的昌硕刚满 26 岁。

如果不是因为父亲吴辛甲的突然病故，或许他还会留在父子二人精心打理出来的芜园里，继续过着清贫拮据却闲逸知足的日子。

芜园，是清末太平天国运动之际吴昌硕与父亲逃难避荒时所偶然寻到的一处世外桃源。说世外桃源可能增加了一些美好的想象，事实上，芜园就是距离湖州的安吉县城不远的一座荒草丛生的园子，不过半亩大。当年的战乱和荒疫，把吴昌硕一家原本衣食尚足的生活彻彻底底地打碎了，他们被迫从老家鄣吴村出走。跟着全村的人逃难时，昌硕的母亲、妻子接连病故，小弟小妹也都一个个离他而去，一大家子人只剩下昌硕父子二人。而整个村子也从原本 4000 多人，被战乱折磨得不剩多少，于是他含泪感叹道："亡者四千人，生存二十五。骨肉剩零星，流离我心苦。"

安吉是天然美的。青山环绕，绿水恬逸，没有多久，芜园就在父子的亲手打造下活了起来，渐渐焕发出新的灵气与希望来，并成为吴昌硕青年时期唯一的精神家园。

屋子一间两间地盖了起来，安吉竹林多，他们就从山里移植了一些翠竹围种在院落里，渐渐地多了一些文人气息，又引种了些梅花、兰花、芭蕉、野菊，还有南瓜、葫芦这些瓜菜，错落有致地布置好，高高低低，参差葳蕤，仿佛将那段不堪记起的悲惨岁月静静安顿在这片土地下，让它们随时间一同荫蔚着。

我们去看吴昌硕的画，数不胜数的兰花墨竹、枇杷红梅，都是吴大师纸上的写意对象。即便是晚年 80 多岁了，他也仍然乐于画这些园子里的蔬果，藤蔓缠绕的《葡萄图》，叶子硕大的《白菜图》，澄黄饱满的《葫芦图》。你再看他画《寿桃》无数张，绝无一样的，能使寿桃个个栩栩如生；又如他笔下的石榴，粒粒红宝石呼之欲出，纵横恣意地挂在枝上，像是娇羞的情人只盼着你的宠爱；枇杷且不用说了，一筐筐大方地摆着，仿佛安心躺进丰收的五月……丰硕的想象都是来自他在田地里劳作的真实，耕种的真实。

在芜园自给自足地生活了四年，同治七年（1868），体弱多病的父亲吴辛甲没能再多陪伴吴昌硕，便永远离开了。至此，所有的亲人都离他而去，昔日温情的芜园也就此黯淡了。

这时，吴昌硕为自己作了一个决定——负笈游学，开阔眼界。

离开芜园能去哪儿呢？

西子湖畔的诂经精舍因为俞樾是山长而一时间名气很大，时人纷纷慕名而来。吴昌硕心想：我若只是埋头于一隅之地，金石书画也难以往深里去，未免太过局限，没有学术的功底一定是不能走远的。

于是，吴昌硕来到诂经精舍前，敲门求学，那一年是同治八年（1869）。

自我的见证

吴昌硕（1844—1927），字仓硕，名俊卿，浙江安吉人。最初他以篆刻闻名于世，30 岁尝试写诗，50 岁后学画，且金石书画都自成体系。

有位眉山先生在《吴昌硕先生》一文里这样描述他：

他是一个中等身材的人。颜面丰腴和蔼可亲，眼睛小小的，须只有稀疏的几茎。他的生活非常俭约，起居饮食也都有节制，所以他虽然一年一年地老去，到了六七十岁而鬓间没有白发，步履却仍然康强，不像已经有如此大的年纪的人。[1]

古稀之年而鬓发黝黑，哪怕是现在也真是不多见的，于是让人不由得联想到，是不是因为吴昌硕豁达乐观而自律克制的人生修养呢。

俞樾对眼前这位诚恳朴实的学生很是满意，就令他跟随自己学习小学和辞章，这一学便是两年。

两年里，吴昌硕与精舍的弟子们一同学习，院子里的枇杷树越长越大，汲取的知识也越来越多。其间，他还不忘自己所爱的篆刻，月高花静时，一有空就拿出四方找来的石头篆刻。金石篆刻是他的毕生爱好，但篆刻如果做不到聚精会神便可能凿开手指，吴昌硕小时候就发生过一次极其严重的事故，曾因为通宵篆刻太过疲倦而不小心刻坏了左手的无名指。可以想象，这份常人难以企及的毅力是他后来成功的财富。

---

1 于非闇等：《回忆吴昌硕先生》，浙江人民美术出版社，2018 年。此文初刊登于上海《开明》杂志，1928 年第 4 期，作者署名为眉山。

书法与篆刻需贯通相融，学习篆刻之前需精通书法。

于是练字成了吴昌硕每天的必修课，不过有一点，他掌握着自己恒定的节奏。他来精舍之前就有一定的金石篆刻功底，自然也明白，其学习乾嘉学派之精髓也是为了提升自己对于书画艺术和篆刻的理解。当修养不断提升，对于万事万物及自然规律的理解便会不断变化，从而表达在他的书画作品和篆刻中。

不信你拿他一幅石榴画来看，画里的格局首先让我感觉到一种宁静的平衡。你看，其实吴昌硕的石榴画每一笔都使着力，红色有颜色的力，线条有方向的力，它们互相拉扯地匀着，匀着整张画卷的空白，处处有着俊逸的洒脱和雄强的生命活力。而其所配的文字呢，也毫不逊色，甚至更胜一筹，流畅雄厚，古茂朴拙，因此他的每幅作品都有自身的书画相融的意境风格。齐白石就颇为推崇，"放开笔机，气势弥盛，横涂竖抹，鬼神亦莫之测"。就连吴昌硕他自己也说，他的书法和绘画的用笔是一种"性"的相通："以作书之笔作画。"

无论天晴雪落，每天在大砖石上不厌其烦地练字，是他额外的自定作业。

受俞樾崇尚先秦古文和两汉碑铭的影响，吴昌硕的书法在这一时期常常临摹石鼓文，偏重于笔法气势和结构章法。很快地，吴昌硕人生的第一本印谱《朴巢印存》问世了。他从几百方的印稿里精心挑选了 103 方，分装成上下两册，将其编印成书。

此书的完成，也是吴昌硕初涉印坛的自我见证。而此后的路该怎样走，吴昌硕心里有了许多的苦：当年出走芜园时，家里还留下曾照顾自己的继母杨氏一人守着，如今没有其他的经济来源，自己怎能长年闭门读书而对其不管不顾呢。

同治九年（1870）的冬天，吴昌硕告别老师俞樾，离开了诂经精舍，回到了芜园。

从曲园到听枫园

打理芜园，代人写些家信，还在城里的茅庵寺内做私塾老师教课，平凡的日子井井有条，也有了稳定的经济来源。其间经人介绍，而立之年的吴昌硕与当地一位颇有才华的女子施酒结为伴侣，日常生活有了情感的归宿。

在这期间，他时常独自远游他乡学艺谋生，往返于湖州、杭州、苏州、上海，也因此结交了许多当地的文化名人。我实在羡慕吴昌硕的好运气，他一生中所遇之人，都是他命里的好贵人，帮助着他，带着他走，推动他成为日后艺术界里真正难得的大师。

光绪五年（1879），《篆云轩印存》编成，他高兴地捧着心爱之作前往杭州向恩师俞樾请教。俞樾耐心地看了后，很是满意，还为之题了辞。题辞这样写道：

昔李阳冰称："篆刻之法有四：功侔造化，冥受鬼神，谓之神；笔墨之外，得微妙法，谓之奇；艺精于一，规矩方圆，谓之工；繁简相参，布置不紊，谓之巧。"夫神之一字固未易言，若吴子所刻，其殆兼奇、工、巧三字而有之者乎？

老师评价学生的篆刻具备了奇、工、巧三个方面的极高造诣，又何须再求鬼神之法呢。也足以看出，吴昌硕的篆刻得到了俞樾极大的肯定。

他的交友小传自述《石交录》里，写了很多他所交往过的朋友知己。比如江苏吴江的一位商人金杰，喜好收藏古董玩物，性情豁达大方，他遇到吴昌硕后，十分赞佩他对于金石书画的纯粹执着，也深知艺术青年要有所立足和发展，便一定要广交文化大儒，因此常常拉着吴昌硕游玩上海书画之地，打开了昌硕的眼界。著名的画家高邕就是他在金杰引荐下结识的。

又如文录里有所提到的杨岘、施旭臣、谭献、吴云、吴大澂、潘祖荫、任伯年、胡公寿，都给予过吴昌硕指点，是他的引路人。

尤其要提到一位人物，那就是听枫园的主人吴云。

吴昌硕的孙子吴长邺在《我的祖父吴昌硕》里提到过这位吴云先生："吴昌硕先生初到苏州，即与平斋缔交。平斋见他好古力学，很乐于帮助，就让昌硕先生住在自己家里，又为他安排好生活，并把自己所珍藏的古代名家书画以及金石文物，尽量给昌硕先生观赏。当时先生正苦于无从扩大眼界，得此知音者热情帮助，当然异常兴奋，每天自朝至暮，手摹心追，矻矻不足，由是先生作篆刻印，大有进展。"

吴云先生深谙金石，收藏历代种种金石名画。他有一处宝藏宅园，名叫听枫园，是当时苏州文人学士、书画名家所青睐的雅集之地。兴致一来，吴云先生便召集当地文化名流就此赏陶玩砖，乐在其中，而吴昌硕自然更是无比开怀。我们不要忘了，他可是一位真性情的诗人呀。

吴昌硕与吴云的相识，会不会是老师俞樾所介绍的呢？听枫园与俞樾的曲园挨得那么近，几步路就能到。大家常聚在一起闲谈诗画，也使得吴昌硕的诗词进步很快。

唯有一个遗憾，此前这些年的交游都是寄人篱下的。光绪八年（1882），吴昌硕携家移居苏州寒山寺旁西酶巷的四间楼。第二年，他的另一本《削觚庐印存》终于印成。

此后许多年里，吴昌硕始终谦逊治学，勤耕笔墨，我们也可以去想，能够使当时聚集在上海艺坛的书画名家如陈师曾、沈曾植、康有为、朱祖谋、张謇、郑孝胥等深感服膺，并推举其为海派书画的领袖，吴昌硕一定有过人之处。而这所谓的过人之处，大概就是那份自始至终的甘于笃定苦练的毅力与不懈的追求。

曾师从吴昌硕的书画大师陈师曾（1876—1923）写过一首诗《题画寄怀吴缶老》，诗言：

> 万物皆刍狗，千山有卧龙。
> 不才天地间，充隐古今同。
> 问道青苔滑，谈经白鹤翀。
> 是非二耳听，莫扰大聋翁。

因吴昌硕据说有耳聋，诗里的大聋翁便是指老师昌硕先生。当年吴昌硕在上海暂居期间，陈师曾与吴昌硕的弟子一同拜访过老师，仰慕先生的金石书画之法，并得到先生的亲授。

早些年，我在万卷出版公司的《陈师曾说中国绘画》这本书里看到一幅陈师曾的画，名曰《秋花图》轴，尤为倾爱，无论怎样看都是大气超脱，而又不过分张扬。其叶纹肌理朗硬分明，菊瓣包容且有张力，红花与绿叶各自相宜，其布局，其墨色，才情四溢，而最使其画情致超然之处，就是他书法的发挥。没有纤弱，没有秋天的苍凉消沉，反而以粗犷沉厚而使整幅画作充满筋骨，这与吴昌硕的书法精神相承，但更加含蓄一些。吴昌硕为此评价他的画说："师曾老弟，以极雄丽之笔，郁为古拙块垒之趣，诗与书画下笔纯如。"

而直到现在我才明白，是吴昌硕先生影响了陈师曾的书画观。陈师曾曾在《文人画之价值》一文中阐述他对文人画的看法：

文人画之要素，第一人品，第二学问，第三才情，第四思想；具此四者，乃能完善。盖艺术之为物，以人感人，以精神相应者也。有此感想，有此精神，然后能感人而能自感也。所谓感情移人，近世美学家所推论视为重要者，盖此之谓也欤！

画有画品，如果画作仅是描摹，那便全然失去了画之意蕴本身，最终成为复刻而已。唯有具备了人品、学问、才情和思想四要素，才能称其为文人画，而纵观近现代作品，至少在陈师曾心中，吴昌硕是模板。后人王森然亦于此评价说，吴先生实乃开创东亚文人画之新纪元。

齐白石（1864—1957）的画艺也深受吴昌硕的影响。1917 年，陈师曾在琉璃厂南纸铺偶见齐白石所篆刻的印章，心有所感，便打听到法源寺拜访齐白石先生。齐白石便拿出自己的《借山图》请陈师曾鉴赏，陈师曾说："曩于刻印知齐君，今复见画如篆文。束纸丛蚕写行脚，脚底山川生乱云。齐君印工而画拙，皆有妙处难区分。但恐世人不识画，能似不能非所闻。正如论书喜姿媚，无怪退之讥右军。画吾自画自合古，何必低首求同群？"[1]意思是，你的画虽有格，但是这并非你自己的风格，也因此反而显得粗拙，完全没有必要失去自我而媚求世俗。陈师曾推荐了吴昌硕的画，让他静下心来认真临摹。

没有想到，50 多岁的齐白石听了陈师曾的话，真的开始闭关勤练，足不出户奋力摹写吴昌硕的画作，三年后，形成自己的风格。

此二位画坛领袖，无不因前辈吴昌硕的画艺画格之精神而受到启发，也足见吴昌硕在对中国现代书画及金石篆刻的重要影响。

1　朱万章：《陈师曾年表》，《中国书画》，2004 年第 9 期。

◎ 吴昌硕笔墨

所谓归来：任西泠印社社长

在吴昌硕晚年艺术生涯中，出任西泠印社首任社长成了他结缘杭州并最有纪念性和影响力的一桩事了。

自西泠印社成立后，虽然活动越来越多，但是社团倘若想要发扬光大，就迫切需要一位掌门人。谁能有这个资格呢？

四位印社创始人丁仁、吴隐、王褆、叶为铭，为此陷入了深深的愁思。

他们各自年轻有才气自是不用多说，也为印社的发展投入了百分百的精力，可是一论到社长的推选上，都非常谦让，谁也不愿意出任。于是，他们马上想到了当时很有名望的金石大家吴昌硕。

有史料为证：

今年春，薄游吴下，道出武林，乃得与吴、叶、丁、王诸君，把晤于印社，以抒积愫，评论印学，迨无虚日……诸君为余言：印学自赵悲庵后，薪火将绝矣！近人能此者，惟湖州吴苦铁一人而已。

这是 1905 年来杭州与四位创始人共谈诸事的日本艺术家河井仙郎的所见所闻，他把此事记录在《西泠印社记》一文中。

四位青年乃真君子呢！

此时的吴昌硕已经是书画界泰斗级的人物，若辜负这几位年轻人传承金石艺术之心，实在也不符合他的性格，况且"保存金石，研究印学"的艺术精神亟须传承，于是，昌硕欣然答应出任社长。

担任社长时期，吴昌硕带领社员们不断收集历代文字图书中的碑文、印刻，又联系各方做一些印谱，还积极发起书画义卖以攒得一些经费购置碑石。其中很多碑石保存在西泠印社，也成了如今国家重要的文物财富。1921 年，78 岁的吴昌硕与社员义卖筹款，赎回被卖到国外的浙东出土汉碑《汉三老讳字忌日碑》，并由西泠印社专门建了石室保存起来。

观其一生，陈师曾的父亲陈散原（1853—1937）曾这样概述吴先生的艺术成就：

盖先生以诗书画篆刻负重名数十年。其篆刻本秦汉印玺，敛纵尽其变，剧镵造化，机趣洋溢；书摹猎碣，运以铁钩锁法；为诗至老弥勤苦，抒摅胸臆，出入唐宋间健者；画则宗青藤、白阳，参之石田、大涤、雪个。迹其所就，无不控括众妙，与古冥会，划落白窠，归于孤赏。其奇崛之气，疏朴之态，天然之趣，毕肖其形貌，节概情性以出。故世之重先生艺术者，亦愈重先生之为人。（《安

吉吴先生墓志铭》）

为何吴昌硕先生能纵横艺坛，最根本在于他领会各家之长却不只遵循他们的妙处、长处，而在贯通古代大家之法的基础上形成自己的风格。

说勤能补拙是没错，但勤之用力需要有一定的学理为本，在这一点上，我想，倘若吴昌硕没有当年在诂经精舍孤霜寒雪地治学，也无法托起他如此厚重的艺术人生吧。

一份厚礼《东海投桃集》：日本学生井上陈政

“这日本的樱花如实烂漫呢！”60多岁的俞樾看着眼前这四株樱花，不禁心旷神怡，连连称赞。

“老师，上一回您让日本僧人心泉和尚托寻樱花，最后还是没有找到，这一次真是子德有心呢。”一位学生感慨道。

“你说得对。”只见俞樾一会儿站起身来远远地欣赏着，一会儿弯下腰凑近细嗅，仿佛眼前的是奇珍异宝，心里有说不出的高兴。

“过去我从东瀛诗里读到樱花的美，尽是称颂之语，可至于如何之美却不能想象，令为师渴慕，如今学生颇为用心还想着为师，用心，用心的。”说完，俞樾便笑了起来。

原来，这是俞樾的一位日本学生专程从日本购来的樱花，并且提前移种在四个陶瓦盆里，由船只运到国内苏州曲园处。为了让老师高兴，他特意计算好了时日，大约等老师收到的时候，这樱花也开得最烂漫。

这一年是光绪十一年（1885），苏州曲园因四株樱花的到来而显得无比春意盎然。俞樾把这件事记录在《曲园自述诗》里：

> 曾闻海外有樱花，竟自东瀛寄到华。
> 莫惜移根栽未活，也曾一月赏奇葩。

诗里说的是由于水土不服，异国的樱花在苏州生长不佳，但这并不妨碍俞樾对此十分珍惜。诗中有一段文字注解："余前年选东瀛诗，见其国诗人无不盛称樱花之美。思一见而不可得。乙酉春，井上陈子德以小者四树，植瓦盆中，由海舶寄苏。寄到之时，花适大开，颇极繁盛，历一月之久始谢。移植地下，则皆不活。"尽管花不常驻，他对这位日本学生不忘师生之情谊感到很欣慰。

他叫陈子德

明治初年，日本的海外留学生渐渐增多，据一些地方统计，到1873 年为止，已有累计 373 位被派遣到世界各地的留学生，其中官费生 250 人。[1] 而许多被派往中国的留学生主要带着两项使命：一是为了更进一步地研究汉学、诗文，学习中国学术文化；二是尽可能地调查了解中国地理、文化、技术、制度等内容。

俞樾的这位学生井上陈政就是在此背景中被派往中国的。

井上陈政出身很贫寒，本名楢原陈政，出生于江户牛込中御徒町，是江户幕府幕臣楢原仪兵卫的长子。后来因家庭陷入穷困而不得不把自己家的儿子送给井上家，于是才有了井上这个名字。小时候的井上陈政一直靠打工维生，误打误撞进了日本大藏省印刷局做活，类似于印钞童工。

不过陈政后来能被政府看中，主要得益于他从小勤奋刻苦，爱学习爱钻研。在做印刷工之前，他已经熟练掌握了基础性的数学、汉学、机械运用等科目，尤其是汉学相当出色，这让印刷局局长得能良介十分赞赏。不久，16 岁的陈政就被推荐介绍进入清公使馆

1　桑兵:《近代日本留华学生》,《近代史研究》,1999 年第 3 期。

研习汉学，这样一学就是四年。1882 年，当时的驻日公使名叫何如璋，他是得能良介的好朋友，期满回国之际，得能良介便将陈政托付给他，希望陈政能随何如璋一同到中国继续深造。这样一来，井上陈政就正式由大藏省官费派遣进入中国留学。

那么，陈政来中国打算学些什么呢？

我们先来看看他回国以后所做的事，或许就能清楚他当年的使命。

1887 年，陈政从中国返回日本，担任日本外务省的翻译工作。1888 年，他呕心沥血撰写的典籍《禹域通纂》由大藏省出版印行。这本厚厚的典籍涵盖了关于中国政体、财政、内治、外交、刑法、学制、兵备、通商、水路、运输、物产、风俗 12 个大部，每部设总论一篇，再设若干子项目，堪称一部日版的"走进晚清中国"百科全书。这听起来是多么不可思议的事，但都是真的，全都是陈政留学中国时亲自实地考察所记录的见闻。另外他还为曾国藩、胡林翼两位重要人物写了传记。也就是说，陈政在投入诂经精舍的治学之前，还带着其他的任务。

然而，这些严格意义上应该被称为"公事"的任务，与他作为独立的个体对中国历史和传统文化的兴趣并不冲突。明治维新以后，日本汉学界对于俞樾的名字早已不陌生，1882 年，先生受日本学者岸田吟香之委托，选取日本优秀汉诗作品，辑录成广为人传的《东瀛诗选》。此外，他的很多作品都受到日本的推崇，据说还有日本商人专程从俞樾处印刷了 30 部《群经平议》和《诸子平议》带回日本。井上也不例外，他一直以来就很景仰先生的治学和人品，种种原因，都促成了他们历史性的见面。

在抵达杭州诂经精舍之前，井上陈政还游历了中国许多地方。在《禹域通纂》里有一篇《留学略记》，其中提到：

会何氏任满归国，遂决意留学……三月一日与何氏自横滨出发，经上海至广东潮州府，巡历嘉应州、惠州粤东诸郡。七月自广东发，航经厦门、芝罘至天津，八月达北京。而后从何氏学治制度掌故。十六年十一月何氏转船政大臣赴福建。于是思视察内地事情，考求贫富饶否，乃独身自北京发，巡历直隶、山西、陕西、河南、湖广、江苏、浙江、福建各省，达福州时已十七年五月。此行最为实验有益。至福州时清法安南纷议方剧，法舰入泊马尾，势如婴守孤城。八月廿三日，清法开战，躬历目击。十月何氏解职南归，于是赴浙江杭州府从学俞樾太史。

他从北京出发，走遍了山西、陕西、河南等各省进行考察，收集了中国各方面的真实情况，直到最后经何如璋的介绍，才算是投入诂经精舍的学习中，时间是在 1884 年。

俞樾初次见到井上陈政的情景是这样的：

甲申岁，日本东京大藏省官学生井上陈政字子德，奉其国命，游学中华，愿受业于余门下，辞之不可，遂留之。其人颇好学，能为古文。（《曲园自述诗》）

不知两人见面时发生过怎样的细节，只不过从这两句话里，我仿佛感觉到曲园先生难以言说的矛盾。"辞之不可"，是不可不受；"奉其国命"，真是如此吗？不得而知，可能也只有陈政自己知道了。

辞之不可，但也须有一些拜师入门的规矩。后来章太炎想进俞樾门下，也是答了不少的考题才通过的，这确实不是先生故意为难。俞樾与井上陈政这样约定："余以山林之人，当桑榆之景。苟窥宋元之绪论，虚谈心性，是欺世也，余弗为也；苟袭战国策士之余习，高谈富强，是干世也，余又弗为也。故尝与门下诸子约，惟经史疑义相与商榷，或吟风弄月抒写性灵，如实而已。子能从我乎？"按照先生的意思，既然决定来精舍研习，便是为了唯一宗旨——商榷

"经史疑义"与"抒写性灵"而已，其他与之无关的事一概勿扰。

井上陈政听完，点头答应，俞樾才同意收他入门。想象一下，此时此刻的井上陈政该有多么的兴奋！

入门以后，俞樾先给井上陈政取一个字子德，于是才有了"陈子德"的名字。就这样，陈子德在诂经精舍学习了三年。回国时，俞樾很是不舍，随即赠予这位日本弟子一首诗：

日东遥望海茫茫，送子吴门酒一觞。
万里归人同晁监，三年吾党得陈良。
攀吟宰树情何极，起舞斑衣乐未央。
更愿异时仍过我，尊前重与话扶桑。

字里行间无不流露着依依不舍的惜别之情，因为俞樾知道，这一别他们很难再相见。虽然井上陈政是来自异国的学生，虽然师徒二人年纪相差较大，虽然陈政常常因为听不太懂俞樾的湖州方言而以笔录书写的方式沟通，但是一旦有了门墙内的师生交往，为学术而学术的纯粹情谊便不会被时间所遗忘。

一份厚礼《东海投桃集》

井上陈政确实也做到了。自拜入俞樾门下之日起，他与恩师的联系长达 16 年之久，回到日本以后，也常常不忘先生。

光绪十六年（1890），正值俞樾七十大寿。可偏偏在这一年的二月，他的挚友彭玉麟去世，冬天，他的长女婿王康侯病逝。身边两位亲人故交接连离自己而去，令俞樾陷入极度的悲痛之中，为此，他决定不办 70 岁生日大宴，关门谢绝宾客，一律不接受亲朋好友的祝寿礼。

或许令俞樾没有想到的是，就在这时，远在日本的井上陈政已经开始着手为老师的这场生日做准备了。他知道先生只喜爱诗词，那些物质的东西都不为先生所在意。昔日在精舍里互吟诗文的往事立马涌上心头，于是他不辞辛苦辗转多地，一位位地登门拜访，把当时日本汉学界的 20 多位名流学者都一一请来，向他们征集祝寿诗，这些诗文加起来一共有文章 4 篇、诗词 48 首。待全部诗文集成之后，井上陈政高高兴兴地把它们一并托付给俞樾的学生李伯行，嘱托其务必亲自交到老师的手上。

当先生收到这些诗文时，已经到了第二年的八月。他看着这些诗文，既激动，又感动，不禁感慨道："在本国则却之，在彼国则受之，其谓何？虽然，我七十生辰固在去年也，而东国诗文之来，则在今年，是可例之寻常投赠，而不必以寿言论矣。"不知是否有对子德多一些的偏爱，面对这份贺礼，老师不仅欣然收下，还将其编成一卷，题名为《东海投桃集》。

为俞樾撰文写诗的都是哪些人呢？

他们大多是在日本汉学界仰慕俞樾先生的名流。比如盐谷时敏就在文章中写道："余夙获《春在堂全书》，读之稔闻先生之名。书中举王父所著《宕阴存稿》而评骘之，又窃有海外知己之感。"在那时的日本文化圈里，人们都十分敬重先生的学识文化，甚至称俞樾为"东亚唯一的宗师"。

又如岛田重礼写道："余以此时掌教成均，而学识谫陋，于世道人心不能少有所补益，每读先生书，未尝不发望洋之叹也。若天假良缘，过姑苏而登春在之堂，捧觞以祝眉寿，并举平日所疑滞而就正焉。此余所切望而今则未能也。乃录鄙言，聊致颂祷之意，且以为他日之券。"

还有学者小幡俨称："盖先生非止世所谓儒者，而实可谓旷古不世之豪杰也。"

日本学者与先生的交往远远不止这一次祝寿，如有人拜请先生为他的著述题跋写序，有人提议邀请先生选编日本汉诗，有人专程带着西洋相机为先生拍照，还有许多人以诗歌相酬唱，只为太过景仰先生。这里，井上陈政是起了很大作用的。

樱花谢了来年可以再开，而这位日本学生的生命却永远停留在了 38 岁。在 1900 年义和团运动中，井上因受流弹之伤而引发破伤风离世。先生得知这一消息后，悲恸地写下一首诗以悼念：

> 湖楼犹记其论文，频上三豪俨对君。
> 膝下应留金瓻在，闺中已痛玉台分。
> 茫茫妻岛无春色，黯黯哀邱有夕曛。
> 一样人才来异域，如何竟不及陈芹。

沧海之一粟，陈政这短短的人生，意义为何？

一生的使命，以汉学的研究为始，亦以中日文化交流为终，以国之强兴责任为根本，又以纯粹学术为心之所在，他的内心不会没有矛盾。

我又想起陈政在《清国周游记》里所写下的往事，他说，他曾经有一次在苏州曲园门外，远远地望见过一眼先生。那天先生风采蔼然，和气友善，深邃目光里仿佛容得下整个世界，那一刻自己便深深知道，先生是此世难得的君子，而自己这一生或许不会偏离先生的治学精神，至少不偏离得太远吧。

擦去福寿砖的苔痕：最亲弟子徐花农

俞樾掌教诂经精舍 31 年里，培养出了许许多多优秀的弟子，仅光绪元年（1875），诂经精舍就有八名学生中举，当时人们盛赞他们为"俞门八俊"。

弟子们十分景仰俞师的为人学识，即便他们离开了精舍，也会常常回到杭州看望老师和师母，叙谈家常。由于俞樾定居苏州，一年之中留在诂经精舍的时间其实很少，因此弟子们更加珍惜老师伴在西子湖畔的日子，只要一有人发起聚会的提议，弟子们便纷纷赶来第一楼团聚。光绪三年（1877）的一天，弟子们眼见俞师即将返回苏州，万分难舍，于是大家相聚在第一楼里推杯换盏，一起为老师送行。

集资为师建俞楼

自从那天弟子们在诂经精舍的第一楼里与老师吟诗饮酒后，他们总也忘不了那夜的好酒，更忘不了那夜与俞师欢聚一堂，言无不尽的美好时光。

散场以后，"俞门八俊"之一的徐琪便萌生了一个想法，他激动地说："俞师以其学问造诣传授于我们，又以高尚之品德影响着我们，如果不能为先生做些什么，实在难以表示对老师的钦敬和感谢，不如我们另建一座'俞楼'，里面山石点缀，花木错落，亭廊雅趣，老师一定高兴。"

这一倡议马上得到了30多名弟子的赞同，大家立即倾囊出资，都愿意为建俞楼出一份力，于是，建楼选址这一事便全权由弟子徐琪负责。

一天天地，俞楼从一块平地渐渐立起，有了自己清晰的模样。每一块的砖石里，都深藏着弟子们对恩师深重的情谊。从最初的选址到楼屋图纸的设计，徐琪全都亲自过问，尽心竭力。无论酷暑寒冬，他都隔三差五地前往工地查看工期进程，看着上梁结顶的日子越来越近，他的心里有着说不出的高兴。

正当徐琪兴冲冲地写信给老师报告好消息时，却不料遭到了俞樾的强烈反对。

俞樾一连写了好几封信，都极力劝阻徐琪停建俞楼，并且给出了他的四条理由。他说："汉文帝那时，修建一座露台只需百金即可，而也为汉帝所珍惜，自己有什么德能斥资建楼呢，这是其一。如果现在时局安定，民生和泰，百姓们衣食无忧，那也许兴建土木也不是不可以，可是如今西北正值大荒，老百姓食不果腹，许多人都想要捐钱以赈灾西北，我作为精舍的主持，在艰难的时候兴建私楼，只会加重自己的不德，这是其二。你们现在拿集资的钱款来开工，虽然眼下是有宽裕，可是放眼将来呢？这楼宇的建成还需要几倍的钱款，恐怕很快就会招来源源不断的开支，加重你们的负担，这是其三。凡事讲究合宜，忌讳太盛，我有何德何能将这湖山胜地占为己有呢？这是其四。我的意思，如果墙垣已经筑好，那么先停一停，等将来你们都各有一番成就时再说。到那时，或许我也有了其他归宿，天南海北待我们相聚，再来商议谋划修建俞楼的事情，我的名字也能与这楼并存。现在急急忙忙地修建，或许正好招致他人的诽谤，这真是万万不可啊！"信里，老师的话言辞恳切，实在也都是因为不想让弟子们为自己破费。

徐琪收到老师的回信，读了又读，左思右想，仍然决意继续建楼，并且给老师回了一封信。信里也讲了五点不能停建的理由，其实最主要的，就是弟子们希望老师能在有生之年尽享林泉之福。

最终在弟子徐琪的百般坚持下，俞楼兴建起来了，光绪四年（1878）的十二月顺利建成。

刲股疗母疾

要说谁是俞樾最亲近、感情最深厚的弟子，恐怕无人能与徐琪相争。

徐琪（1849—1918），字玉可，号花农，室名玉可盦、九芝仙馆、香海盦、瑞芝轩、青琅玕馆，浙江仁和人，擅长诗文、书画，酷爱自制花笺，曾为编修，历任内阁学士、广东学政等。著作颇丰，有《冬日百咏》《花砖日影集》《岭南实事记》《粤东葺胜记》《日边酬唱集》等。俞樾曾经在《曲园自述诗》中写过一首诗："文字论交谁最深，门墙徐稚最关心。一诗焚向亡妻告，为报花农入翰林。"并为此诗写下一条注言："盖花农从吾游最久，文字相知亦最深，余期之亦最切也。"这大概就是对徐花农最好的注释了。

我很好奇，他是怎样的一个人？可是查阅许多资料，也仍然很难在各种历史年表中找到关于徐琪的事迹，后来从零星的文献中看到了一篇喻宇明的《晚清闺秀诗人郑兰孙行年考》，这才知道其实徐琪是有故事的人，而这故事，说来便是令人印象深刻的刲股疗母疾。

徐琪有一位不为太多人所知却才华出众的母亲，名叫郑兰孙（1814—1861）。俞樾曾经为其写过传记《郑孺人传》，里面称她"躬操井臼，不废翰墨，兵乱中犹时以诗歌见志，可谓女士矣！"我不知道俞樾是否曾见过这位郑女士，但我想他多半也是读了她的诗词，而探其品格如此。

徐琪母亲年轻时生活在杭州，后来定居在了扬州，徐琪便是她38岁时在扬州生下的。太平天国运动将扬州原本安美的样子打乱了，百姓们仓皇避难，各自逃命天涯，昔日"扬州花月寄琴剑，灯红酒绿华年惊"的生活都在一瞬之间烟消云散，只剩寂寞的星辰与梦灭的江南。

在俞樾《徐若洲君传》里，曾记录下徐琪的父亲徐若洲被乱贼砍伤的情景：一名乱贼用大刀割伤他父亲的脖子，又有一人拿矛刺穿他的脚，皆以为他断气了才离开，后来可怜的父亲被进城的老百姓搭救，才算是捡回一条命。徐琪父亲徐若洲当时任扬州府清军同知，是当地清廉之官。

咸丰八年（1858）的这一场兵荒马乱中，徐琪母亲也受伤很重。后来全靠女儿徐云芝全心照料，才逐渐康复起来。可谁知仅仅隔了三年，母亲便病重不起。在盛夏天的五月里，徐琪为了治好母亲的病，忍受剧痛"刲股羹以进"，即割下自己大腿的肉煮汤喂治母亲，但终究还是没有用。

郑兰孙病逝后，徐琪整理过母亲的诗词，并于光绪元年（1875）刊刻出版，题为《莲因室诗词集》，那一年刚好徐琪中恩科举人。此后，徐琪不断地为母亲的诗词进行整理，15年后的夏天，他将整理好的书稿寄给了老师俞樾，请其为母亲的诗词集作序，即《都梁香阁诗词集序》，后来全都刊刻出版。如此可见，徐琪看重师生情义是有根据的，孝悌之义是其根本。

读完喻宇明整理的这篇生平年考，仿佛历史在这些人的往来之间推着时间往前走，而时间又无声无息地将这些看似瞬息的生命凝结成有价值的文字，保留下来，呈现在我们面前。至于俞樾呢，我想应该也是这样地读过她的一生吧。

白菜、火腿与桂花膏

研究古代典籍与文化的汪少华教授曾经给我们上过训诂学的课，课上他会拿出很多汉字的考证来讲给我们听。诸如苏轼名字中的"轼"有何讲究，又比如"骈""骊"两字的古义在中国传统文化中有哪些引申义。因而我在读书时就知道训诂是门很有意思的学问。在翻阅俞樾资料时，我找到汪少华老师整理的《俞樾书信集》（上、下），书里搜集了俞樾写给友人至亲的书信，其中最多的就是徐琪，共计 156 通。

信里，俞樾称徐琪为"花农老弟馆丈足下""花农仁弟馆丈"，称自己则为"兄长"，彼此之间以兄弟相称，感情深厚。徐琪生了个儿子，第一时间就想到了老师，便写信给老师报喜，并托老师给孩子取名。俞樾得知他前日梦到南宋诗人姜夔的诗句"三生定是陆天随"，便给孩子取名"定陆"，乳名叫作"随元"，取"天随"的含义。

平日里，徐琪十分惦记着老师，隔三差五地就给老师寄去一些好东西。得知老师头目昏花，四肢无力，他就到处找人购买上等的大枝人参寄给老师。俞樾爱吃白菜，餐餐必不可少，觉之胜过海鲜肉肴，别人倒是很纳闷，只有徐琪懂得老师，他专门从上海挑选最好的大白菜寄到曲园，而且一买就是上百斤，足够老师吃上好一阵子，等吃完了又买一些寄去。难怪俞樾要在信里乐道："昨又由上海寄来白菜十颗，尤为鄙人所嗜，每饭不可无者，不特爱我，且知我矣，感谢感谢。"有时为了让老师解馋，徐琪会随信寄去一些好吃的果脯，还有杏仁之类的零食，把耄耋老人当成孩子一样宠爱着。

火腿二肘、虾子鱼二匣、桂花膏二瓶、西瓜子四瓶，再附上绛霞茶叶四瓶、香纸一大束……俞樾当然也爱护花农，若有使者顺路，他总是记得托使者带上一些。物品是其次，彼此寄托的心意才最为重要。

苏州的曲园雅致静美，俞樾最爱在园子里养养花草，品茗吟诗。有一年十月金秋，徐琪偶然见到一盆灿若繁星的五色菊，甚是特别，心想老师若是见了，一定喜爱无比，便马上买下给老师寄去，还附上一首诗。俞樾收到后果然欣喜万分，他也随即写下两首绝句以奉酬：

其一

秋光又是一年新，寄到江南即是春。

看取缤纷开五色，兆君五色掌丝纶。

其二

几番玉露几金风，都是丹青渲染功。

却笑头衔君未备，条冰一转便成红。

却不料这诗随信一并飘摇在不知何处，时隔两个多月徐琪也没有收到，着实把老师给急坏了。等了很久还没有消息，俞樾就拿着寄信的收条，亲自跑到日本邮政局询问，结果也没有任何消息，只让他再等等，为此俞樾抱怨外国人做事不可靠，以致后来寄信都改用中国邮政局。不过好在这信最终还是顺利寄到了徐琪的手里，这才让老师舒了口气。

听说花农要去广东做学政，主管当地的教育，俞樾感到无比欣慰，但与此同时，他又多了几分担忧。他深谙花农的为人，花农性情豁达，器宇恢宏。俞樾担心他去了广东以后，由于那边正值学风不正，恐遇非议之事，他便在信里谈起了自己曾经在广东阅卷的一件事。

曾有一次夜半时分，俞樾正拿出考生的试卷准备批阅。忽然间，灯芯暗灭，他感觉到有人在旁边，果然竟有人窥探进屋盗取试卷。幸好他大呼家人赶来，点起灯后，才算保住试卷。而这样的事情发生了不止一次，真是耸人听闻。因此，老师叮嘱爱徒只身在外需格外留心，尤其慎重选用幕友助手，少用自家人，这样才能弊绝风清。老师还语重心长地嘱咐花农，在去往广东的路途上多带书籍，比如《十三经注疏》及上海同文馆的"二十四史"，无论公务再忙，也不可不读书。

福寿砖与《名山福寿篇》

姚夫人病逝以后，俞樾很长一段时间都沉浸在悲痛之中，心绪恶劣，难以自制。徐琪便常常写信陪伴老师。俞樾告诉徐琪，师母姚夫人一直深爱西湖，病重时便已经交代自己，将来希望能卜葬在这湖山胜地，而这事也只有托花农办到。后来，俞曲园夫人姚氏的墓地果然葬在三台山之右台山，并建造了右台仙馆，多年以后，俞樾也归葬于此。

右台仙馆建成后，俞樾相约友人在此饮酒，酒后一同步行至法相寺品茗相谈。饮茶一会儿后，俞樾先行回去了，汪鸣銮、徐花农、沈兰舫、王梦薇、倪倬云、潘凤洲、许子原等人继续畅谈。杭州法相寺是一座历史悠久的古寺，寺院围墙塌败，墙砖都风蚀损坏严重，一些砖石裸露在外面。正在聊天的汪鸣銮和徐花农忽然发现这残败的墙上有一块石砖很特别，隐约有字迹。于是两人走近，他们一人蹲在下面，另一人在他的肩上，将高处这块石砖取下，仔细一看，上面竟然刻有"福寿"二字，完好无损。

花农小心翼翼擦去苔藓泥迹，见这两字写得十分古雅，既不是隶书，也不是楷书，笔调十分特别，便激动地与汪鸣銮商量起来，说："'福寿'二字意蕴甚好，不如将这石砖送给老师，留在仙馆作为寿礼，让先生也开心一笑。"汪鸣銮点头称好，于是两人抱着这古砖匆匆跑去找到老师。俞樾得知此事后，哈哈笑了起来，推却表示不敢当，但心中甚是高兴，因为弟子们如此想到自己，这份心意最是可贵。随之赋上一首诗《福寿砖歌》，并由花农撰文记述此事，潘凤洲为此制铭，另有许多弟子共写诗篇，花农汇集起来，刊刻成书，书名题为《名山福寿篇》。

关于此事，《春在堂诗编》有诗稿遗存，诗题为《清明后三日，徐花农庶常携尊至右台仙馆宴集，遂游法相寺，得断砖于坏垣，有"福寿"二字，取归置之山馆，因纪以诗。仍用东坡石鼓韵》：

今年三月日乙丑，我辞渔父就樵叟。
遂令好事城中人，争向右台山下走。
或篮舆过赤山步，或小舟舣花港口。
越七日后得壬申，喜诸君来不先后。
山斋逼仄布筵一，坐客联翩并我九。
乃列嘉肴杂笋蒲，却当新火分榆柳。
城北徐公兴最豪，花下行厨酒一斗。
我懒且病稍见宽，客起欲去辄被肘。
醉吻思饮僧庐茶，连步乱踏山田莠。
天寒未茁雨前茗，地僻且寻方外友。
要烦老衲荐皋庐，岂怕行童笑督赘。
归来日落树栖鸦，忽见墙头字露蚪。
不图砖甓成乌曹，竟有铭辞视黄耇。
窃取直欲猱而升，防护不容尨也嗾。
奉持欢喜到蜗庐，珍重品题逾凤卣。
爱不忍释手为胝，奇莫能名目如瞍。
从来古砖出汉晋，不在破冢即邱垄。
字迹剥落辨难真，土花洗剔积愈厚。
流传或亲赝鼎赝，年号空存某代某。

文曰富贵颇一例，语取吉祥亦多有。
若从墙壁扫莓苔，不过山泽生枢杻。
识字亮无康成牛，穿窬聊御孟尝狗。
镌此吉语意云何，得自瞥观夫岂偶。
吾闻福列九畴一，又闻寿居五福首。
此岂私心所及望，亦非一手遂能培。
禊翔蝦集信有征，语奇意重敢轻取。
姑将妙墨拓形模，兼汲清泉涤尘垢。
敬承汪伦爱我意，永作右台仙馆守。
孝穆作记记固佳，安仁勒铭铭不朽。
老夫衰病百无能，敢与诸君同福寿？[1]

得"福寿砖"的第二年，没有想到，俞樾又在三台山的小路子捡到一块"福寿砖"，惊喜万分，便写了另一首诗《往岁得福寿砖，花农有名山福寿编之刻。今岁又得其一，乃并拓其文，署曰"双福寿"而系以诗》：

自订名山福寿编，一时佳话遍流传。
谁知寂寞三台路，又得分明两字砖。
未拟重赓石鼓韵，聊堪远寄玉堂仙。
老夫不足当斯语，嘉兆端应为众贤。[2]

后来，俞樾将这块偶然拾得的福寿砖赠予弟子花农，希望能将这份吉兆祥瑞带给弟子们，愿他们有锦绣前程。

关于这"福寿砖"的故事还没有结束。光绪十年（1884）十二

---

1 俞樾著，徐元点校：《俞樾全集》第16册，浙江古籍出版社，2017年，第248—249页。

2 俞樾著，徐元点校：《俞樾全集》第16册，浙江古籍出版社，2017年，第292—293页。

月，俞樾的家仆在苏州一处废墟处偶然得到一块断砖，用手剔除石砖上的苔藓仔细一看，模模糊糊仿佛有几个字样，便拿回给主人俞樾。俞樾大喜，原来这石砖上刻的是"福禄寿"三个字，想起比过去花农赠给自己的那块福寿砖还多了一字，莫非又是祥瑞之兆。光绪十一年（1885）的元旦那天，俞樾特意将这事记录下来，赋诗一首曰《福禄寿砖》：

昔得福寿砖，右台山之麓。
今又得此砖，福寿益以禄。
借问所从来，初非意所属。
吴下有荒墟，偶此事春揭。
土中露残甓，有文人共瞩。
奴子颇好事，不辞手亲剧。
剔藓视其文，三字尚可读。
携归献主人，吉语颇不俗。
岁朝无一事，手拓纸数幅。
名山福寿编，得此傥可续。[1]

俞樾仙逝后，徐琪悲恸难平，写下一副挽联：

四十年身侍门墙，谊属师生，恩侔父子，溯饮食教诲以至家计支持，自游庠始通籍，迨抽簪悉绕慈怀念虑，最伤心前度书来，未及月余，竟以此缄绝笔，何日见公，何日报公？只萧寺清斋，尽情一哭。

五百卷手编著述，上穷经训，下条稗官，与诗古文辞俱为后人津逮，况贤孙登高第，秉星轺足怡晚福期颐，忽蓦地立春夜半，惊看电掣，果然梦奠当楹，而今已矣，而今休矣！待儒林列传，从祀千秋。

1　俞樾著，徐元点校：《俞樾全集》第 16 册，浙江古籍出版社 2017 年，第 297 页。

而如今我们也更可以相信，为师者，为生者，为学术，为传承，师生的情谊是可以如此牢固，如此纯净，如此透明的。

南菁书院的滤镜：学术弟子黄以周

儆季先生

黄以周（1828—1899），字元同，号儆季，浙江定海人，是俞樾弟子中最有学术才华的一位，也是著述最多的其中一位。倘若要在他身上找出一件最具传奇色彩的事，那就是他出任江阴南菁书院山长一职，传承诂经精舍之"通经致用"的宗旨，开江阴治经之先河，而且一任便是 15 年。

其父亲黄式三，人称儆居先生，黄以周是他的第三个儿子，于是自号儆季。黄式三博综群经，但没有中过举人，治学不立门户，一生潜心在学术世界中，他曾经在《求是室记》中说："天假我一日，即读一日之书，以求其是。"到了晚年身体衰微病不下榻时，他仍然不遗余力地做学问。双手握不住笔，只能躺在病床上口述"黄氏塾课"，让儿子黄以周记录下来。黄式三死后，以周泪目感慨："父亲此书，一定要给子孙后辈们传读下去，父亲对后人治学的拳拳冰心，全都寄托在了这书里，深远绵长。"黄以周出身于这样的经学世家，其受父亲的影响自然很大。

黄以周 6 岁入私塾读书，先识《说文》，后读经书。他读经书的顺序和当时大多数经生先诵读《诗》《书》略有不同，而是先读《礼》，然后《诗》《书》，再是《春秋》《易》。以周读书十分认真严谨，每读完一个课程，便"条分节目，疏通大义"，因而积累了深厚的学术基础，其日后在诂经精舍中治学，关于经解等课艺被《诂经精舍三集》收录有 30 篇，《诂经精舍四集》收录有 4 篇，如此成绩，得益于其孜孜不倦地研学。

道光二十六年（1846），19 岁的黄以周考中秀才，补定海厅学诸生。不过日后考运却接连不佳，以周屡试屡败，直到 20 多年后才考中举人。这也许与他过于专注传经明道，而缺少专门制艺的训练有关。

曾有记载一件趣事，说的是他读书过于沉浸其中，以至于达到"忘我"的境界。一次，他寄信给堂兄黄以恭，信里说："方省城告急也，弟闭户不知措，闻惊报，心如结，自谓苦思经义中之疑难者，俾心专于是，或可以解忧。因考三代田亩步尺之异同，日夜研索，约十日，忽得一解，沟浍乃通，而省城亦于是时收复矣。此如鱼游釜中，然于忧苦中强作快活读书也。"[1] 当时的省城正临战乱，当地百姓身陷其中，不知所措，而黄以周却一个人专心致志做着书里的学问，埋头研究古代田亩方面的学术问题，等到十天以后，他终于得出了研究结果，方知省城的战事也在这时恢复了平静。

浙江书局的十年校勘

同治六年（1867），黄以周刚刚满 40 岁，这一年，大器晚成的他得到了人生中第一份厚礼——供职浙江书局，参与校勘典籍。

民国《杭州府志》有关于浙江书局始末的记载，时任浙江巡抚的马新贻受命整顿浙江属地的书院，其间，浙江布政使杨昌濬、按察使王凯泰呈述当时省城书院的一些情况。他们认为，想要兴办文教，必然要先从实学抓起，除了整顿书院之外，还需广泛搜集重要典籍。浙江自从遭遇兵乱之后，文澜阁等书藏的书籍大多已经散失或焚毁，仅靠一些当地的藏书家致力于书籍的保存。现在军务肃清

1　黄以周：《答七兄竹亭书》，《儆季杂著》五《文钞》卷三，《黄以周全集》第 10 册，上海古籍出版社，2014 年，第 561—562 页。

之后，敷文、崇文、紫阳、诂经精舍等先后兴复，但是书籍的整顿仍然没能够做好，士子无书可读的现象十分普遍。因而首先应在省城设立书局，重刊一些重要典籍，方能兴复文教。

这一建议得到了巡抚马新贻的认可，于是马巡抚迅速下令开办浙江书局。由于当时省城重要书籍散失已久，杭州藏书家丁丙与其兄丁申便将家里"八千卷楼"的藏书捐借出来用于重刊。

最初，浙江书局设在杭州小营巷的报恩寺中，光绪八年（1882）移到中正巷三忠祠，并把报恩寺作为官书坊，而将一些版片藏于三忠祠。书局的首任总办是由杭州崇文书院山长薛时雨、紫阳书院山长孙衣言兼任，后由诂经精舍山长俞樾兼任。[1]

书局十分重视校勘工作，为此专门聘请当时国内第一流的著名学者、专家进行校勘，如谭献、王诒寿、杨文莹、张大昌等，黄以周也是其中一位。

这里还有一些感人的故事。在兼任书局总办之后，俞樾为了尽量使自己的学生能够有学以致用的机会，常常不遗余力地推荐自己的学生做一些有意义的学术研究之事。书局刚刚起步的那段时间，正值江宁、苏州、杭州、武昌四大书局准备刊刻二十四史，俞樾则总领浙江书局的相关事宜。

刊刻二十四史可不是一蹴而就的事，俞樾便从诂经精舍弟子中选择了几位高材生参与刻书，他说："黄以周、潘鸿皆局中知名士，想可蝉联，将来校勘子书亦必得力。"虽然黄以周当时已是书局的一分子，然而有了老师的推荐，学术声望自然也就更高一些了。

1　顾志兴：《浙江印刷出版史》，杭州出版社，2011年，第345—346页。

第七章、精舍弟子·人物春秋

有了这样一支专精尖的学术队伍，浙江书局一时刊书名声大噪。宋代李焘有《续资治通鉴长编》，嘉庆年间（1796—1820）才有常熟张氏爱日精庐活字排印本，张氏的底本是参照杭州藏书家何梦华传抄文澜阁本，但张本文字有错讹。光绪五年（1879），黄以周等就以张氏的活字本为据，又用文澜阁里《四库全书》的原稿本加以校对，这样一来，减少许多错误。校勘工作看似简单，然而绝非常人能够做到，需要足够的学术功底以及一颗足够能忍受寂寞的纯粹学术的心，黄以周做到了。

"涧水流年月，山云变古今"，这十余年校勘的风霜雨露，3000多个黄昏红霞与曙光黎明，锻造了黄以周"忘我"治经的品性。

同为俞樾弟子的章太炎曾为黄以周写过传记《黄先生传》，在传记尾声曾这样赞颂他："余少时从本师德清俞君游，亦数谒先生。先师任自然，而先生严重经术，亦各从其性也。清世大人称程朱者，多曲学结主知。士民弗躅，则专重汉师，抑雒闽。其贤者诚弘毅，知质文之变，而末流依以游声技，愈小苟，违道益远，夷为食客而不知耻。先生博文约礼，躬行君子，独泊然如不与世俗成亏者。林颐山颂之曰：'履贤体圣，怀袠精纯。绍闻衣言，董振汉学，乌虖至矣'。"章太炎曾几度拜见过先生，几次请教下来，也领略到俞樾与黄以周在学术性格上的不同之处，俞师学术追求自然，黄师研究学术则偏重深入，也足见黄以周对经术的境界之高。为此，章太炎对他严谨的学术态度深感钦佩，赞其涉猎广泛，十分博学，又能深谙礼学之道，为人处世能够以身作则，任何事情亦当能身体力行，更不会计较成功得失，独守一份淡泊名利之心。

在任职浙江书局期间，黄以周还出任过宁波辨志精舍斋长。光绪五年（1879），宁波知府宗源瀚建立辨志精舍，分设汉学、宋学、史学、舆地、算学、词章六斋，各设一名斋长，黄以周受辨志精舍之邀，担任其中的汉学斋长，主课汉学。这个时期的黄以周在省内已有一定的学术声望，他命过的汉学题很考验学问，如《〈说文〉

引诗考》《孟子游齐梁先后考》《朱张解》《召公不说周公说》等
15 题 21 篇。

在此期间，省内许多读书人水陆兼程慕名而来，投奔于黄以周
名下求学，一代鸿儒陈汉章（1864—1938）就是其中一位。光绪
十二年（1886），23 岁的陈汉章来到杭州诂经精舍，拜于俞樾门下，
专攻经学研究。由于俞樾不常在杭州，不能得到俞师的当面指导，
几个月后，他又赶到宁波辨志精舍听课求学，只因知道经学大师黄
以周在此讲学。

陈汉章三次前往辨志精舍，第一次，因黄以周在江苏南菁书院
讲学未能碰面，抱憾而归；等到黄以周返回宁波时，看了陈汉章留
下的课艺，甚为赞赏，并提笔写下批语"象山有此士难得"，又接
着写道"吾郡有此隽才，惜未见面谈也"。陈汉章第二次前往宁波
时，经过黄以周的面授指点，经学进步很大。到第三次碰面时，两
人已经能够深入切磋学术问题了。后来，陈汉章成为国学大师。[1]

书院的滤镜

光绪八年（1882）春，内阁学士黄体芳任江苏学政期满，朝廷
因其功绩卓越，特别下令让他破格留任。黄体芳感恩朝廷对自己的
信任，更加不遗余力地培养人才，便在江阴创建了南菁书院，黄以
周是书院的第二任山长，也是掌教时间最长的山长。

光绪十年（1884），黄以周正式离开了浙江书局，赴江阴南
菁书院任山长。从此，他将后半生的学术生涯奉献给了南菁书院。

1　张利民、吴家唯主编：《象山家训三十则》，宁波出版社，
2016 年，第 207—208 页。

南菁书院设在江阴县城内中街，得名于《子游祠堂记》中"南方之学，得其菁华"之句。最初书院建立院舍七进，为课生斋舍和掌教的住宅。书院与宁波辨志精舍有略相同者，课分经学、古学两门，各设内课生 20 人，分居"训""诂""词""章"四斋，每斋 10 人，设斋长 1 人。[1]

黄以周在《南菁讲舍文集》序言中说，瑞安人黄体芳仿诂经精舍的课程而创建南菁书院，力扶实学，就像阮元当年培养浙江士人一样。继而又说文集中所选录的课艺，是为"深训诂、精考据、明义理之作"，并倡导"实事求是，莫作调人"的教育理念。

在掌教南菁书院时，黄以周做出了许多傲人的教学成绩，带出了一批又一批优秀的学生，成为日后著名的学者，如陈汉章、唐文治、吴稚晖、曹元弼、丁福宝等。他先后将肄业生的优秀课艺收集整理，编成《南菁讲舍文集》《南菁文钞二集》，其中许多文章的品格都与诂经精舍一脉相承。我们翻看《南菁讲舍文集》，其中不乏诗赋、算学的文章，如《七洲洋赋》；也有涉及气象方面的文章，如《二十四气原始》等。

15 年风雨，与时代的命运一同呼吸，南菁书院不可逆流地面临改制。光绪二十四年（1898）七月二十七日，上谕：江阴南菁书院改为高等学堂。"瞿鸿襣奏，江阴南菁书院遵改学堂，并将沙田试办学农一折。江阴南菁书院，经前学政黄体芳创设，考课通省举贡生监，现既改为学堂，着准其照省会学堂之例作为高等学堂，以资鼓舞。该书院原有自管沙田一项，据称拟参用西法树艺五谷果蔬棉麻等项，将未经垦熟之地先行试办，如有实效再行推广等语。学堂农会相辅而行，洵为一举两得之道。该学政此奏，具见筹划精详，

1　王涵编著：《中国历代书院学记》，商务印书馆，2017 年，第 232 页。

留心时务，即着照所议认真办理，务收实效，毋托空言。"[1] 这一则谕令，便是南菁书院生命的转折点，书院改为新式学堂，汉学也被西学所替代，与诂经精舍一样，画上了时代的句号。

南菁书院改制后的那年夏天，黄以周因年老力衰，决定告别南菁而归隐杭州半山脚下。光绪二十五年（1899）初冬辞世。

黄以周有《论书院》一文，节录如下：

今之书院，在古为天子藏书之所，其士子之所肄业者。在汉谓之讲堂，亦谓之精舍，或谓之精庐。《华阳国志》"文翁立文学精舍讲堂"，为书院之权典，而其名实始于唐开元之丽正。丽正本曰修书院，乃乾元之旧殿，后又改为集贤殿书院，其制与汉之东观、兰台等，初非士子肄业之处，此犹今之文渊诸阁也。至宋有白鹿、石鼓、岳麓、应天府四书院（石鼓建于唐元和间，白鹿建于南唐升元中，其初皆不名书院），又别有嵩阳、茅山书院，其地不在朝省，而有天子之赐书，故额之曰"书院"。其书不能如今文汇、文宗、文澜之富，而谓之院，亦犹今之称阁也。沿及南宋，讲学之风聿盛，奉一人以为师，聚徒数百，其师既没，诸弟子群尻不散，讨论绪余，习闻白鹿、石鼓诸名，不复加察，遂尊其学馆曰"书院"。其地乃私尻也，其书之有无，不可寻而知也。其师开馆授徒，不啻汉之立精舍设教也。其学党同伐异，互相标榜，亦不减汉之守家法，而有安其所习，毁所不见之蔽也。于是洪容斋谓学校、书院并立非盛政，明张大岳遂令天下书院一切罢毁。揆其意，在振学校而一风教，而学校卒不振。好古之士无以勤讲贯，资观感，为害滋大。吾谓学校兴，书院自无异教；学校衰，书院所以扶其敝也。洪、张所言，岂通义哉？第自明季以来，制艺日盛，经史日替，所肄之业，"四书"

1 陈元晖主编，汤志钧、陈祖恩、汤仁泽编：《中国近代教育史资料汇编 戊戌时期教育》，上海教育出版社，2007年，第124页。

文，八韵诗；所请之长，乡大夫之耄而无学，并经史之名不能悉数。有文教之责者，为之滋惧。又以今之书院，敝已积重，习亦难返，为之经营胜地，构造新馆，选绩学之士，讲论其中，若阮文达之课士，其最著也。然文达于浙曰诂经精舍，于粤曰学海堂，皆不曰书院，非有见其命名不典与？吾友朱肯夫视学湖南，欲迹文达之所为，有人来告以事，余谓之曰："其名取吾浙之精舍，其规则取学海堂，请以斯语达肯夫。"后肯夫颜之曰"校经堂"，一取诸文达之治粤云。[1]

◎ 与时间共呼吸

1 陈谷嘉、邓洪波主编：《中国书院史资料》下册，浙江教育出版社，1998年，第1955—1956页。

黄以周认为，诂经精舍、学海堂，都不命名为"书院"，最根本的原因是要过滤掉昔日书院所积蓄的许多弊习，于是重建新馆，选拔厚学之士讲学其中，这些改革是从先师阮元开始的。

　　纵观黄以周的学术一生，边讲学边治学，边治学边著述，一生共撰《礼书通故》100卷、《子思子辑解》7卷、《军礼司马法》2卷、《经训比义》3卷及《儆季杂著》等，其考释中国古代礼制、学制、国封、职官、田赋、乐律、刑法、名物、占卜等，学术成就之高，在俞樾弟子群中也是数一数二的。他与孙诒让及老师俞樾齐名，并称为"清末三大儒"。

縠纹、月光与词的记忆：碧城诗人陈文述

团扇与碧城

落叶

芙蓉水榭记停桡，沽酒人迷旧板桥。
古道日斜随客骑，沧江风急点寒潮。
行来野鹿喧苔磴，听到哀蝉感玉箫。
惆怅苏娘楼畔路，垂杨如雨夜萧萧。

疏砧声断隔天涯，丹凤城南第几家？
夜静玉阶惊睡鹤，晓寒金井怨啼鸦。
刻成莫笑三年楮，飘去犹随八月查。
海上扶桑日边杏，春风依旧灿红霞。[1]

这是收录在《诂经精舍文集》卷十三中陈文述同题所制的其中两首落叶诗。精舍文集的目录里有很多十分熟悉的名字，这些名字组合成没有规律的序列，为我们重现了阮元门下诸生治学日常中许许多多浪漫或不浪漫的瞬间。就这样依次翻看下去，像秋日里弯着腰拾捡落叶般地寻找一个叫作"陈文述"的名字。

相比于其他的名字能够常常反复见到，诸如"胡敬""张鉴""朱壬""查揆""徐熊飞"，以诗词见长的陈文述被选录的却不多。以落叶为题的这两首诗看似语调萧条，醉酒的人，沧江的寒风，秋

1　刘颖主编：《西湖文献集成续辑》第14册，杭州出版社，2016年，第265页。

蝉哀鸣凄凄，还有风里飘摇的杨柳枝，让惆怅的秋境尽可能地凝重起来，然而诗人并不想要让人们束缚在对于悲秋的传统判断。"海上扶桑日边杳，春风依旧灿红霞"，一轮红日再一次心照不宣地高高升起，它使万物从黯淡中重拾自信，这 14 个字是整首诗灰冷色调的回暖，与俞樾"花落春仍在"一样的意味深长。

陈文述（1771—1843），原名文杰，号退庵，字云伯，后改名文述，浙江钱塘人。一生擅长诗词文学，文风华丽，辞藻丰富，早年工西昆体，晚年复敛华就实，归于雅正。著有《碧城仙馆诗钞》《颐道堂集》《西泠怀古集》《碧城诗髓》《西泠仙咏》等。

从后人对他的描述来看，诗词应是他别于众人的记号，而关于他是如何进入诂经精舍学习的，其中还有一个为人称道的故事，被阮元记于《定香亭笔谈》卷一中：

　　试杭州时，新制团扇适成，纨素画笔，颇极雅丽。尝以"仿宋画院制团扇"命题，诗佳者许以扇赠。钱塘陈云伯文杰诗最佳，即以扇与之，人称为"陈团扇"。杭州向无团扇，因是盛行焉。[1]

嘉庆元年（1796）三月，浙江学政阮元到杭州视学，那时的杭州还没有团扇这一事物，很多考生甚至闻所未闻，偶然的一天，阮元把弄手中新制成的一柄团扇，观其绘画精妙雅丽，于是准备以"仿宋画院制团扇"命题试诸生，若是有谁的应试诗能够脱颖而出，就以扇相赠。在一摞的文卷中，唯有陈文述所赋的诗歌得到阮元激赏，并拔置第一，随即归入阮元门下，后又进入诂经精舍。

当天的云伯究竟写了一首怎样的团扇诗以至于赢得了留载于史的美誉呢？我们不如细读一下：

　　1　阮元撰，姚文昌点校：《小沧浪笔谈 定香亭笔谈》，山东人民出版社，2018 年，第 168 页。

　　江南三月春风歇，樱桃花底莺声滑。

　　合欢团扇翦轻纨，分明采得天边月。

　　南渡丹青待诏多，传闻旧谱出宣和。

　　入怀休说班姬怨，羞见曾怜晋女歌。

　　班姬晋女今何有，携来合付纤纤手。

　　阑前扑蝶影香迟，花间障面徘徊久。

　　楼台花鸟院中春，马画杨题竟逼真。

　　歌得合欢词一曲，只应留赠合欢人。[1]

　　这首题为《仿宋画院制团扇》同样被选在阮元《定香亭笔谈》中，无疑是阮元十分欣赏的诗作，最出彩的应当是最末两句，"歌得合欢词一曲，只应留赠合欢人"。如果说前面的每一句都是描摹制作团扇时的妙趣美景，那么最后的花好月圆便是和美合欢的最好总结。

　　阮元欣赏陈文述的才气，曾问过他读书的历史。陈文述自言从小家里就没有藏书，也无亲友相助，关于诗词写作也未曾有过专门的学习，然而心爱诗词，也有志于学习，于是常常在书市上边抄边读而已。阮元听后十分感动，便将其招入门下。

　　此后，陈文述便一直跟随阮元左右，阮元离浙北上入京时，陈文述也是陪同阮公过苏州，登虎丘，临泰山，谒岱庙，并协助阮元校勘《两浙辖轩录》。包括《定香亭笔谈》的校对、考订和编纂等工作，阮元也十分放心交付于陈文述，而这一时期的信任和交往全都结缘于团扇诗。

　　嘉庆五年（1800）对于陈文述来说，实在是一个难忘的年份。是这一年，他中庚申恩科举人；也是这一年，他辅佐恩师阮元创建杭州诂经精舍，并建第一楼。十一月，陈文述与阮元、孙韶、吴鼒、

1　阮元撰，姚文昌点校：《小沧浪笔谈 定香亭笔谈》，山东人民出版社，2018 年，第 168 页。

陈鸿寿等人一同游览灵隐寺，在寺院吃过饭后，坐船西湖中。忽然天空飘起了雪花，众人兴致更高了，作诗吟赋冒雪登临西湖第一楼。次年，陈文述入京并在此寓居长达五年之久，三次参加会试均不第，此后不再。

"碧城"，这个词出现在陈文述的诗史中大约是有两处，一是他的别号"碧城外史"，另一是他的诗集《碧城仙馆诗钞》，而"碧城仙馆"是他构建的室名，也是他收集个人诗词的一所独我的房间，他人难以寻访、难以进入的房间。

偶然一天，我读到《太平御览》卷六七引《上清经》："元始（天尊）居紫霞之阙，碧霞为城。"方才明白，碧城是仙人居住的地方。晚唐诗人李商隐有过三首《碧城》诗，充满了诗人数不尽的温暖情思。

碧城（其一）

碧城十二曲阑干，犀辟尘埃玉辟寒。
阆苑有书多附鹤，女床无树不栖鸾。
星沉海底当窗见，雨过河源隔座看。
若是晓珠明又定，一生长对水精盘。

"碧城十二曲阑干，犀辟尘埃玉辟寒"，这云霞缭绕的碧城里事物样样美好，令人无限向往，是仙鹤相随的仙人之境。若是时间可以停留，星辰永不沉没，是否两人就可以脉脉守望到天明，到永久。对于人间或仙人境，星斗萦绕、可望而不可即的氛围都是最美的，即便美在于不可得。纪昀曾这样评论此诗，他说："寄托深远，耐人咀味矣，此真所谓不必知名而自美也。"（《玉溪生诗说》）且不论李义山为何借用碧城的故事入诗，只是陈文述反复借用仙境这一典故，不能不令我们深信，诗人是希望此生亦可获得足够自持而丰盈美好的精神世界的。

◎ 落花与湖影

诗人普遍喜欢强调一种自给自足的充实感，陈文述也许更突出一些，他将这座翠云丽丽的碧城装点得井然有序，而这都倚赖于城池里的女诗人群体。嘉庆五年（1800）以后，陈文述陆续结识了一批当时诗词创作丰沛的女诗人，常以诗文来往，也为她们作品传播做了许多事情。道光六年（1826）出版的《西泠闺咏》中，就出现了十多位有名字的女诗人形象，有王兰修、辛丝、吴藻、吴规臣、吕静仙、张襄、陈滋曾、黄发仙、黄鬟仙、华玉仙、钱守璞、顾韶等，他的妻子龚玉晨、妾室管筠、子媳汪端等都参与了书稿的整理校对工作，同时也参与了诗词的创作。而此前嘉庆十年（1805）出版的《碧城仙馆诗钞》就已得到了当时京城士女的争相传诵，李元垲在为此书所作的《跋》中说："诗集传钞，遂令纸贵。都人士女，嗜君诗者，剧金付梓，品珍搜瑶，存十二三。"除了以上诗钞，陈文述在恩师阮元影响下，将其诗作一一选录，编成《颐道堂诗选》。

碧城仙馆的主人归去以后，这柄团扇去哪儿了呢？后来有人留下过一首诗："碧城仙去芳兰歇，湘妃泪滴桃枝滑。一片冰纨入抱寒，合欢曾照当时月。当时太傅爱才多，韵事蒲葵继永和。赢得竹枝宫畔句，不须桃叶渡头歌。"蒋曰豫《问奇室诗集》卷一《香士索题颐道老人诗画团扇》有云，这柄阮元所赠的团扇陈文述先是给了长女陈华娵，继而传到外孙叶道芬手中。

200 年过去了，碧城风景如何，我们已不能说清，不过，至少云伯总不会寂寞。

时间的停泊：修柳如是墓

碧城的故事还没有说完。李商隐《碧城》诗的其二，首句是这样的：

对影闻声已可怜，玉池荷叶正田田。

古人的"可怜"是形容可爱的意思。当义山这首诗传播在1000多年的时间长河里时，感同身受的读者开始将其中的一部分内容挑选出来，镶嵌在自己的生命里，晚明才女柳如是便是这样一位读者。现代学者陈寅恪先生在《柳如是别传》第二章中专门论述柳如是最初姓氏名字之推测：

至其又称"影怜"者，当用李义山诗集上"碧城"三首之二"对影闻声已可怜"之出处，此句"怜"字之意义，复与"爱"字有关也。[1]

陈文述当然不会读到陈寅恪先生的解读，但是原本理应横亘在碧城诗和"影怜"柳如是之间的距离，仿佛既不是时间的，又不是空间的，而是不存在的。嘉庆十五年（1810），正任常熟知县的陈文述登临虞山，寻访柳如是之墓。这位知县究竟为何怅然决定为其修墓不得而知，我们只能从这篇《重修河东君墓记》中略知一二：

嘉庆己巳冬，余以试吏承乏海虞，其明年庚午春二月，公事少暇，乃偕友人沈君春萝、高子犀泉同为虞山之游，因过维摩之寺，循径而上，遂至拂水。拂水者，钱宗伯之山庄也。就荫敷坐，啜茗涤烦。偶因山水之滋，间话龙汉之劫。绛云百尺，久共烟消；红豆一枝，又先春谢。兰亭已矣，更无修竹茂林；金谷依然，莫问香尘钿笛。感白杨之作柱，嗟红粉之成灰。真武祠僧性圆者，年六十余，自言儿时见钱园之侧，瞿墓之西，有冢隆然，有碑屹若，曰河东君之墓。五十年来，星霜屡易，人物代谢。鹤冷苔荒，蛩凄水咽。碑既不存，墓亦不可指矣。青山斜日，怅惘久之。

拂水，是一种轻风拂水微微荡开的意境，钱谦益与柳如是晚年

---

1 陈寅恪：《陈寅恪集 柳如是别传》，生活·读书·新知三联书店，2015年，第33页。

大部分时间生活在这里——拂水山庄。红豆树下饮茶作诗，绛云楼里遍览群书，可以想象这样的日子真有仙人碧城的人间美好。顺治十八年（1661），院子里的红豆树开花结了果。钱谦益八十大寿时，柳如是从树上摘下一粒红豆赠予寿星。有僧者曾经回忆这里儿时的模样，分明墓碑屹立傲然，墓冢也是高高隆起，清楚地知道陪伴在钱墓左右的就是柳如是墓，可是时间改变了人们阅读过去人与事的种种，"鹤冷苔荒"，好不凄凉，只剩怅惋。

过去十年里，我曾两次去常熟，事务结束之余，都只把注意力放在拂水山庄和一粒红豆的故事里。那时因为真的年轻，对于中国传统文人的这些沧桑感很强的历史镜头尤其充满兴趣，于是一到那拂水山庄故址，焕丽的情感期待就开始纷纷凋零，因为眼前所见一定不会令人满意，而这些都是在没有读过黄裳先生《绛云书卷美人图：关于柳如是》一书之前的事了。在1982年的一篇散文里，黄裳先生因为从旧书里了解到陈文述曾经重修河东君墓并立石，因而也亲自再到常熟一望无际的田垄边寻访柳墓。

按本传，君盛鬋鬈云，明眸鉴月。前身杨柳，小字蘼芜。宜居绰约之庐，小住娉婷之市。其归于宗伯也，兰膏翠羽，妙解文章。鲍爵灵箫，遂谐姻眷。江总持之璧月，狎客词工；于广运之琅璈，仙家音好。党魁冠世，佳侠含光。洵厨顾之风流，亦婵媛之丽则也。既而雨云反覆，花月沧桑。龙去空山，鹃啼故国。顾善持之灯屏绣障，绮丽依然；黄皆令之断水残山，苍凉不少。假令白头一死，碧血三年，岂不远媲雁门，近侪临桂，红拂入卫公之传，绿珠与石尉并传哉？而乃中书去宋，家令归梁。沈初明玉碗珠帘，庾兰成江潭枯树。遗老神摧，亦彼姝心恻矣。

此段是陈文述回顾柳如是的一生。"兰膏翠羽，妙解文章"，柳如是诗词文笔不带柔气，反而很有旷达飘逸之感，与她性格相似。文中可以看出陈文述对柳如是很有偏袒，称钱谦益是"党魁冠世"，而柳君则是"佳侠含光"，有一代侠女之风，而其诗文蕴藉，灵气波动。

柳如是有《尺牍》和《湖上草》两卷刊本，诗情婉转，词调不娇。崇祯十二年（1639），她在杭州西溪横山别墅里短暂住过一些时日。横山别墅是徽商汪然明的宅院，当年一别陈子龙后，柳如是饱尝心酸地来到杭州，是汪然明招待了她。汪然明还特意为柳如是选了一间不单调的屋子，题为"桂栋药房"，想来是希望柳君在此闲居静养。汪然明对柳如是除了经济生活上的照顾外，还专门出资为她刊刻两卷诗集，令这位"红拂"感动不已。离开杭州时，柳如是留下赠别诗一首《出关外别汪然明》：

> 游子天涯感塞鸿，故人相别又江枫。
> 潮声夜上吴城阔，海色晴连越嶂空。
> 壁垒烟销生日月，菰蒲日落起雄风。
> 谁怜把酒悲歌意，非复桃花潭水同。

首句便诗风荡阔，丝毫不拘泥于佳人美景，风度浑然天成。与故人天涯分别，河东君领悟人生悲欢离合的自然真理，因而心境可以纯粹通透。"壁垒烟销生日月，菰蒲日落起雄风"，与王维"大漠孤烟直，长河落日圆"的意境颇近。

动荡兵乱如果能够带走时间的伤口该多么好，而天各一方毕竟是人生常态，诗人将回忆里的碎片对照眼前人、眼下事一片一片拼贴起来，当她发现天地之大、历史古今之远可以撑开一个人的审美心胸时，一瞬之间，便可以融通万物了。"把酒悲歌"不必自悲，桃花潭水之情谊不会改变。陈寅恪先生说柳如是的诗是"其初本属明代前后七子之宗派"，说的应是其诗心空灵，拥有一颗无畏天地的心。

陈寅恪先生有《柳如是别传》的著作，早前听闻此书以繁体竖排的形式出版是陈先生的意思，空余时间也会硬着头皮读下来。又此时得知陈文述重修柳如是墓，感念颇深。

嗟乎！桂树冬荣，黄花晚节。从来巾帼，足愧须糜。当其训狐夜嗥，封狼晨搏。澄心堂上，已飞罗绮之灰；海岳庵中，莫保研山之石。而君乃从容毕命，慷慨捐生，于以靖家难，保遗孤。充斯量也，非值彤奁崇丽，并与青简争辉矣。华君丽植，家本龙山，戚联鹿苑，邦族既悉，文献可征。访之故老及其后裔名宗元者，得君遗冢于花园桥之北，中山路之南，东界小沟，西接园弄，盖即秋水阁、耦耕堂故址。涡涎绣篆，曾无玉女之碑；鸟梦啼香，谁识琼姬之墓。余慨厥遭逢，悯兹侠烈，爰修遗陇，并勒贞珉。呜呼！樊通德遗闻可纪，君真汉殿之姝；随清娱旧志重刊，我愧褚公之笔。（《颐道堂文钞》卷四）[1]

《重修河东君墓记》最后一部分是陈文述寻访墓冢后的感慨。柳如是在钱谦益去世后一个多月时，从容赴死，慷慨捐生。

沧海一粟，生命不过是一种孑然放弃，当无法逆转的时候，诗人有可以让时间停泊的方式。陈文述的好友查揆也有一篇《河东君墓碣》，他说："予友钱塘陈君文述来治县事，征文献，阐幽微。弃瑕崇瑜，遗浊表洁；披荆改松，命畚揭皋。所以慨陈迹，嘉晚志也。"

修墓，是陈文述能够为时间的停泊所做的事情；写诗亦然。从李商隐到柳如是，从碧城的想象版图到现代人不远千里地去寻访一座水边的旧墓，是阅读的结果，更是人与人超越时空情感共鸣的结果。

1　龚斌、范少琳编：《秦淮文学志》下册，黄山书社，2013 年，第 1334—1335 页。

縠纹、月光与词的记忆

翻看前文陈文述的诗歌和文章，多少能够找到一些曾经在他身上燃烧过的而如今落在他心灵上的痕迹：早年诗风绮丽繁华，而后渐渐沉郁旷逸。

渔父词（其一）

打桨湖边问酒家。青山澹冶隔明霞。风过处，縠纹斜。蓑衣吹满碧桃花。

江湖，渔歌，一叶扁舟任飘摇，这样的诗词意境很容易让人联想到仕途不得意而想要逃遁归隐的画面里去。又有苏轼《定风波》的"料峭春风吹酒醒"，语境的相似，造成一种解读的顺理成章，不过陈诗色调柔丽许多，虽然同样是途中遇雨，然而他用朦胧的青山和灿烂的云霞修饰渔父雨后的心情，便有了"我见青山多妩媚"的豁然之感。此时的渔父看见蓑衣落满了缤纷的桃花瓣，微风吹皱了一池春水，早已将自己与这弥漫着春气的野外自然融为一体了。

陈文述这组《渔父词》实则是春夏秋冬四季一组联词，其一描绘的是春日渔父生活，其余三首分列如下：

雨后蜻蜓散夕阳。晚来水碧似清湘。明镜里，月华凉。荷花世界柳丝乡。（其二）

枫叶萧萧几点秋。芦碛曲曲漾清流。随处好，舣扁舟。水蒇花下一双鸥。（其三）

涧曲桥低路几重。渔庄隐约暮烟中。携瘦鹤，送飞鸿。万梅花下一孤篷。（其四）

夏日荷花四溢，蜻蜓飞舞点水夕阳，水面如明镜，在杨柳拂动下更加澄澈。秋天枫叶萧萧，却在水蒇下忽然发现一对沙鸥，给萧瑟的诗境增添了许多欣喜之感。而冬天是渔父最闲闷的时候，没有鱼儿可打，而忽然在隐约的暮烟中看见一只仙鹤，送其远行。万丛梅花在纷纷开遍，一叶扁舟从中划过，意趣盎然。

晚年，对于情深的诗人真是一个残酷的词语。陈文述家庭变故多，儿子陈苟之、陈裴之先后去世，孙儿得病，家产微薄，几近耗尽，只得撑着年迈的身体出仕。陈文述并不是只为写诗而活，作为官员的他，为政清廉，为当地百姓谋实事。他熟悉河防、海运、盐政诸种利弊，曾经重修扬州文庙，并建造十二烈女祠，都是被其诗歌才华所遮蔽的事迹。浙江图书馆藏抄本《清代杭人小传》、浙江图书馆藏稿本《两浙耆献传略》等均有陈文述的传记记载。

陈文述晚年时期的诗词渐趋悲凉，《颐道堂戒后诗存》卷十四有诗："山鸟啼花处处香，美人湖上水云凉。家邻鹤屿林君复，世比鸥波赵子昂。有约旧游迟碧落，且寻残梦续黄粱。雪中鸿爪重相印，丹凤城南秋夜长。"其实，这是普遍的。

年轻的诗人会因为季节的变化而心情时起时伏，那是因为青春岁月的白雪不至于掩盖一个人一时间的所有情绪，春风倘若一吹，桃花依然盈盈灼灼；然而稳定的心境在一个人的晚年变得那么光滑那么坚不可摧，仿佛任何值得分享的瞬间都无法附着在上面哪怕是一分钟，甚至有些时候，诗人根本没用一个寒冷的字样，就已经把读者冻得结冰，尤其当他是读者心爱的诗人时。

当我们在一天之中读完陈文述或者其他任何诗人的一生，其中还不包括混杂着抄本的差错，会不会开始从记忆的源头回顾曾经的任意一个值得书写的片段，那些欣喜的瞬间和情绪的纠结阐释着我们本身的发展。但我们此刻的过程太过漫长，以至于不会像读完陈文述这样发出一声深长的感慨，唯独文字，帮助诗人提供了记忆。

主要参考书目

1. 陈谷嘉、邓洪波主编：《中国书院史资料》，浙江教育出版社，1998 年。

2. 邓洪波：《中国书院史》，东方出版中心，2004 年。

3. 方志钦、蒋祖缘主编：《广东通史：古代下册》，广东高等教育出版社，2007 年。

4. 郭明道：《阮元评传》，社会科学文献出版社，2005 年。

5. 林建宇主编：《中国盐业经济》，四川人民出版社，2002 年。

6. 凌耕：《王昶传》，学林出版社，2002 年。

7. 刘颖主编：《西湖文献集成续辑》第 14 册，杭州出版社，2016 年。

8. 刘颖主编：《西湖文献集成续辑》第 15 册，杭州出版社，2016 年。

9. 马晓坤：《清季淳儒：俞樾传》，浙江人民出版社，2021 年。

10. 欧阳询：《艺文类聚》卷五十七，上海古籍出版社，1982 年。

11. 阮元撰，姚文昌点校：《小沧浪笔谈 定香亭笔谈》，山东人民出版社，2018 年。

12. 宋巧燕：《诂经精舍与学海堂两书院的文学教育研究》，齐鲁书社，2012 年。

13. 汪少华整理：《俞樾书信集》，上海人民出版社，2020 年。

14. 王国平主编：《西湖文献集成》，杭州出版社，2004 年。

15. 王琪森：《海派书画领袖——吴昌硕评传》，文汇出版社，2014 年。

16. 王章涛：《阮元年谱》，黄山书社，2003 年。

17. 王章涛：《阮元评传》，广陵书社，2004 年。

18.吴昌硕著，吴东迈编：《吴昌硕谈艺录》，浙江人民美术出版社，2017年。

19.吴晶：《百年一缶翁：吴昌硕传》，浙江人民出版社，2005年。

20.许寿裳：《章太炎传》，百花文艺出版社，2009年。

21.俞樾：《俞樾全集》，浙江古籍出版社，2017年。

22.俞樾撰，徐明、文青校点：《春在堂随笔》，辽宁教育出版社，2001年。

23.张欣：《诂经精舍与晚清浙江学术文化研究——以俞樾为中心》，中国文联出版社，2009年。

24.张欣：《花落春仍在：俞樾和他的弟子》，广东教育出版社，2006年。

25.周文林：《名儒总督——阮元》，云南人民出版社，2016年。

后记

　　城市如人，是有其独特的气质的。城市气质的养成非一朝一夕之功，不仅依托自然风光与硬件设施，还得益于历史文化的长期浸润与滋养。于杭州而言，人文气息与书卷气息似乎是自带的。

　　杭州是华夏文明的发祥地之一，也是中国著名的七大古都之一，以"东南名郡"著称于世。杭州作为历史文化名城，除了西湖、京杭大运河、良渚古城遗址三大世界文化遗产外，各种国家级和省市级的文化遗产、名胜古迹更是数不胜数。长期以来，国内外学术界尤其是浙江文化界为研究杭州丰富的历史文化遗产一直不懈地努力并作出了很大成绩。不过稍有遗憾的是，迄今为止，对于杭州历史上的书院文化研究较少，尤其是对于四大书院——敷文（万松）书院、紫阳书院、崇文书院和诂经精舍，缺少有深度的系统研究。究其原因，除了研究者的主观兴趣爱好外，一个重要因素就是史料的匮乏。此外就是除了敷文书院得以重建外，其他三所书院至今只有遗址，甚至没有相关的建筑图片资料，这也为研究增加了难度。

　　有鉴于此，我们试图填补这方面研究的空白。书院文化作为杭州传统历史文化的重要部分，曾在杭州教育发展史上占有举足轻重的地位，也因此成为后来研究者无法绕过的研究领域。2021年，在中共杭州市委党史研究室（杭州市人民政府地方志办公室）主任郎健华、副主任蒋文欢的关心指导下，我们正式启动该项目，精心组织研究队伍［分册著者分别为：敷文书院，魏丽敏（浙江省作家协会）；崇文书院，刘克敌（杭州师范大学）；紫阳书院，马晓春（中国计量大学）；诂经精舍，苏翔（杭州市星澜中学）〕并尽可能广泛地搜集史料、寻访遗迹，经过两年多的努力撰成超百万字的文稿，如今终于付梓。

半亩方塘旁，紫阳先生如此感慨："问渠那得清如许？为有源头活水来。"本次研究，也是我们在探寻杭州历史文化历程中，求索"源头活水"的一次尝试。

限于时间要求、资料缺乏和撰写者的主观能力，这套书还有不足之处，我们衷心祈盼各界人士能不吝指正。

本书编者
2023 年 9 月

后
记